AF497416

BARBATE, BARBATE

ExLibric

JOSÉ LUIS SÁNCHEZ-GARRIDO Y REYES

BARBATE, BARBATE

EXLIBRIC

ANTEQUERA 2020

JOSÉ LUIS SÁNCHEZ-GARRIDO Y REYES

BARBATE, BARBATE

Índice

Prólogo

Apenas llevaba unos meses desempeñando la ilusionante labor de pelear por la difusión de la cultura en Barbate, cuando José Luis llegó a mi despacho. No voy a negar mis nervios, pues en poco tiempo ya eran muchos los compromisos adquiridos que debía poner en marcha. Pronto sus palabras me hicieron entender que estaba ante alguien que amaba nuestro pueblo, y es que para hablar como lo hace José Luis de esta localidad solo se puede hacer desde lo más profundo del corazón.

Hoy tengo el honor de prologar este libro de nombre tan descriptivo de lo que nos vamos a encontrar, Barbate, Barbate. Y es que esta obra recoge parte de ese sentimiento por una tierra que, como bien sabe el autor, abre los brazos a todo aquel que se acerque a ella con la afectación de ser una de las joyas de Andalucía.

Desde Antequera, y en busca de las playas gaditanas, arribó a nuestras costas esta familia malagueña, siendo hoy son unos barbateños más, tanto ellos como sus hijos, a quien José Luis ha trasladado el cariño desplegado en las páginas de su libro por la localidad gaditana.

Estoy segura de que la lectura de este Barbate, Barbate despertará en muchas personas que no conocen nuestra tierra el interés por pisar sus playas, parque natural, marismas, conocer su patrimonio histórico-gastronómico y el secreto escondido en sus calles, que hace único el sumergirse por este paraíso terrenal: sus gentes.

Desde aquí espero también que estas letras que José Luis ha dedicado a Barbate sirvan para reclamar tiempos mejores para todos, que pronto podamos pasear por nuestra tierra y por la de nuestros vecinos, respirando hondo y sin telas que frenen la pureza de nuestro aliento. Ojalá, José Luis, podamos presentar este libro en nuestro pueblo, tuyo y mío, con un recinto lleno de gente, sin más guantes que el de la lana que frena el frío en nuestros dedos y con el calor del brazo y el beso de quienes nos quieren.

Gracias a José Luis y a Trini por hacerme partícipe de este libro, que no es más que un canto refrescante a la alegría de vivir y de disfrutar de lo que todo tenemos cerca, un homenaje a mi pueblo que me emociona y enorgullece como representante público. Gracias infinitas, gracias.

María Engracia Moreno Utrera
Concejala de Cultura del Ayuntamiento de Barbate

1. Preámbulo

1 de julio de 2019

Comencé a escribir sobre Barbate en la Navidad de 2005. Cuando llevaba catorce o quince páginas de borrador lo dejé «para más adelante». Lo volví a intentar en 2010. Durante estos años he escrito diversos artículos de Barbate en mi blog: sanchezgarrido.wordpress.com.

Ahora, ya por edad jubilado y liberado del trabajo desde hace pocos meses, he planificado dedicar el mes de julio, que empieza hoy, a recopilar, seleccionar y revisar lo escrito y, con correcciones, hacer el libro que durante muchos años he deseado, no muy largo para que su lectura resulte en lo posible digerible. Dijo un obispo que los sermones cortos mueven el corazón y los largos, el culo y las tapas. Tengo papeles manuscritos y otros por ordenador. Realmente, es casi como un parte diario. De este material recabo su contenido, eliminando mucho, y le añado ahora nuevas aportaciones.

Inicio el libro con unas páginas que en su día escribió mi mujer, Trini, y a continuación, por orden cronológico, van apareciendo escritos míos. Un día lo publicaré, aunque no sé cuándo.

A Trini y a mí nos encanta Barbate, queremos a Barbate y a mí me gusta escribir. No hay otra pretensión. Era una asignatura pendiente que tenía para corresponder en alguna medida a lo mucho que Barbate nos ha aportado y aporta en nuestras vidas: felicidad. Con este libro quiero compensar, al menos en parte y modestamente, lo mucho que Barbate nos ha dado.

Somos los dos de Antequera, donde vivimos de forma permanente desde primeros del año 2019. En más de cincuenta años de vida laboral hemos estado trabajando en Sevilla y en Granada. Estudié en su momento Perito Agrícola.

Hace unos 35 años compramos un apartamento en Residencial Albufera, en el paseo marítimo, a pocos metros del mar, donde hemos venido cuando hemos podido. Lógicamente, ahora mucho más.

Barbate nos encanta y aquí compartimos ya nuestra vida con nuestra Antequera natal. Barbate es algo nuestro, nos sentimos barbateños. Aquí siempre hemos encontrado paz, armonía, descanso del espíritu, belleza y cariño. Es también nuestra casa.

Ruego a los posibles lectores que sean benevolentes (seguramente, hay quien escriba peor que yo) y deseo en lo posible que disfruten con el libro, me disculpen los errores que pueda haber y se centren en lo que vean interesante. Desde luego, lo que pretendo es no molestar a nadie y si, además, algo de lo que aquí puedan leer les resulta interesante, pues me alegro mucho.

Muchas gracias.

2. Mi vida en Barbate
Por Trinidad García Varo

6 de febrero de 2012

Mi vida en Barbate, en ese pueblo costero de Cádiz donde yo soy la persona más feliz del mundo en mi pequeño piso de unos cincuenta metros, en mi cajita de zapatos como yo le llamo, pero que no cambiaría por nada del mundo, está dentro del mar. Cuando me acuesto, escucho las olas chocando en la almohada. «Es un lujo que pocas personas tienen», digo y repito de forma continua.

Yo soy malagueña, pero las playas de Málaga no las cambio por las de mi Barbate querido ni por su gente buena y sencilla, buena y trabajadora. Son mis amigos.

Hace muchos años que llegamos por vez primera a Barbate, un domingo de excursión y casi de casualidad. No lo conocíamos, pero cuando lo vi le dije a Pepe Luis:

—José, aquí me quedo.

—Trini, está muy alejado de Sevilla, con malas carreteras. No es lujoso precisamente. ¿No has pensado mejor en la Costa del Sol, donde están nuestras familias y muy cercana a Antequera? —me contestó él.

—No —le dije de forma tajante—. Tiene que ser aquí y no en otro sitio.

José Luis siempre que puede me da el capricho. Estuvimos buscando hasta que encontramos el nuestro en una de las sucesivas visitas: unos apartamentos cuya construcción estuvo bloqueada muchos años porque estaban demasiado cerca del mar. Al final dieron su consentimiento para terminarlos y en esto que aparecemos nosotros. Los apartamentos, como digo yo, están dentro del mar.

Nos lo entregaron pasado un año del contrato al menos. Mientras, íbamos a un hotel. Cuando nos lo entregaron era un mes de abril. Recuerdo que fuimos con mis hijos, José, Eva y David, y que ese año mi hija se marchó a Estados Unidos, a Colorado, donde estuvo estudiando casi doce meses.

Cuando fuimos al Ayuntamiento para arreglar los papeles del agua y para el suministro eléctrico, cuál fue mi sorpresa cuando me preguntaron si yo era de Barbate. Dije que no, que era de Antequera. Y es que todos los apellidos Varo, con uve como el mío, dicen que son de Barbate. El primer alcalde que hubo se apellidaba Varo y Varo. En ese momento comprendí que la terrible atracción que tengo por Barbate es porque, posiblemente, mis raíces sean barbateñas y comprendí por qué me gusta tanto Barbate desde que lo vi por primera vez. Allí se criaron mis hijos, algunos sobrinos y ahora mis nietas, mi nieto David y el pequeñito, Daniel, que este año lo disfrutará mucho. Tiene un año y es precioso.

Ahora desde Granada vamos menos, pues está muy lejos y no quiero que mi marido se dé ese palizón de coche de ida y vuelta.

A mí me encanta Barbate. En invierno es una gloria pasear por el paseo marítimo, desayunar en una terraza mirando al mar con su color azul verdoso, que parece una esmeralda. Después nos vamos al puerto dando un paseo para ver los barcos de pesca y la subasta, que ya, lamentablemente, no se puede ver y se ha digitalizado. Después nos vamos a la plaza de abastos, pequeña pero muy limpia y ordenada, con sus puestos de pescado y con esas mujeres con sus delantales blancos e inmaculados, sus puestos de verduras y puestos de carne. En Barbate todo es bueno. Nos encanta ir a la plaza de abastos, es única.

En el mes de abril empieza la almadraba y el atún que entra es «pata negra», lo mejor que se puede comer. Lo más curioso son los puestecitos que ponen al lado del mercado, donde se vende tomillo, orégano, piñones, camarones vivos, harina de garbanzos para hacer las tortillas de camarones y si pides un consejo te explican con detalle las recetas. Así son Barbate y su gente.

Junto al mercado de abastos, el Bar Chirino, en el que te ponen unas tapas de pescadito frito o «morrallita», como le llaman al pescado que capturan con las barquillas cerca de la costa.

Para comer buen pescado es muy recomendable ir a Los Seis Grifos, que no está en primera línea de playa, sino junto al río. Es un sitio muy agradable y en verano tiene una terraza con microclima y todo lo ponen muy bueno. Al dueño lo consideramos un amigo. ¡Hay tantos sitios donde ir!

Si vas a Barbate, no dejes de probar las ortiguillas fritas, revueltas o con tortilla. No te arrepentirás; están buenísimas. ¡Ah! No son algas, pertenecen al reino animal.

Allí, en Barbate, José Luis ha escrito dos libros, que tanto éxito han tenido que ya están agotados. A él sobre todo le gusta ir a Barbate en invierno, con lluvia. Dice que le encanta ver llover sobre el mar. Para él es un espectáculo único. Y es raro, le gusta también cómo sopla el levante. Él nunca ha sido de baños; dice en plan jocoso que irá a la playa cuando en vez de arena haya césped o baldosas y que haya techo para no quemarse con el sol, que esté cubierta la playa y sobre todo que haya aire climatizado. Se baña alguna vez, pero casi nada. Dice que el agua en la ducha está más calentita. Él lee, escribe, pasea, medita y habla bastante con el que se le ponga por delante.

Para mí, Barbate es vida. No sé qué nos deparará el futuro, pero si nos diese salud para descansar y tiempo para vivir estaremos entre Antequera y Barbate, también visitando alguna que otra vez Granada y Sevilla. Somos unos enamorados de Andalucía. Antequera y Barbate, mis dos ciudades, mis dos paraísos.

Y ya te digo: si vas a Barbate, no dejes de probar las ortiguillas y el atún de *alijá*.

3. La pesca de las sardinas

8 de agosto de 2006

Tengo hojas manuscritas de esa fecha en letra un tanto difícil de leer, como es la mía. Me refiero a que ese día de 2006 visité la lonja, ya años después cerrada al público, lamentablemente cerrada al público buscando, como casi todo en la vida, la falta de complicaciones y la funcionalidad y dejando de lado el disfrute de la población. Ese tema habría que reconsiderarlo: poner unas gradas, cobrar por la entrada, pero que los turistas disfruten con el bonito espectáculo de la subasta, haciéndolo de la forma tradicional. Ese día agosteño en la nave de la lonja solo había cajas de sardinas, ya adjudicadas en la subasta.

Me acerqué al muelle; a pocos metros había un barco. La tripulación se afanaba de forma intensa en cubierta en llenar las cajas de pescado, seleccionando previamente el mismo. Muchas gaviotas volaban alrededor del barco, llenando el silencio con sus graznidos alegres. De vez en cuando los marineros lanzaban al agua piezas de pescado pequeñas para sus amigos los peces y para sus amigas las gaviotas. Me quedé un rato contemplando el trabajo eficaz del personal, muy numeroso. Apenas cabía en cubierta. Esperé a que terminasen su trabajo y llevasen el barco al atraque. Quería ver lo que habían pescado. En el barco posiblemente iban diez o doce personas; terminaron su trabajo y dejaron el barco limpio y ordenado.

El capitán, entre la tripulación, puso un pie en el borde del barco para elevarse un poco y que lo viese el responsable de máquinas y timón para que se acercase al muelle para atracar y descargar.

El barco, bonito y tradicional, se aproximó al muelle y dio la vuelta en pequeñísimo espacio. Un marinero muy mayor tiró un cabo y dos niños de ocho o diez años pusieron el mismo sobre el amarre del muelle, el soporte grande que se ubica al filo del muelle, especial para amarrar los barcos.

Haciendo una cadena humana, empezó la descarga en envases de poco fondo, de polietileno, cubiertos con hielo. No tendrían mucho peso; estimo que, probablemente, cinco kilos cada uno. Estas cajas las situaban en el muelle sobre palés de plástico con no mucha altura (quizá cinco de altura) y un mosaico sobre el palé de seis cajas. Total, treinta cajas por palé estimo, así que tenemos 150 kilos por palé. Contando los palés deduje que habría 1.200 kilos de bellas, brillantes y plateadas sardinas de aspecto impresionante. Toda la pesca era de sardinas. Un espectáculo lleno de vida con sardinas plateadas.

El día anterior estuve con Trini en el mercado. Había unas sardinas estupendas, como las que estaban en la lonja.

—Trini —le dije—, si te parece nos llevamos unas sardinas, que entran por la vista. Si te parece las fríes, pues sé que no quieres el olor en la casa.

—¿Qué le pongo? —nos preguntó la señorita del puesto de la plaza, de cara agradable y delantal inmaculado, simpática y afable.

—Un kilo —le contestamos.

—¿Qué le debo? —le pregunté.

—Dos euros —me respondió—. ¿Es su señora?—añadió.

—Sí, así es, efectivamente —le comenté—. De momento —dije en plan chiste.

—Señora —le dijo a Trini—, su hija Eva ha venido durante el verano a este puesto.

—¿Y cómo sabe usted que es nuestra hija? —le pregunté.

—No lo sé, pero eso se ve, se nota.

—Ah, bien —dije yo—. Sí, ella me ha dicho que venía a un sitio porque le atendía una señorita muy guapa y simpática. —La pescadera sonrió, se le iluminó la cara. Y a mí la mía.

En fin. Las cuentas no me salen: los 1.200 kilos del barco son 2.400 euros, pero son doce personas, gasoil, cajas, la compra del hielo, el IVA, el margen, el puesto de la plaza, los gastos de seguros, amortización, impuestos del barco… Entiendo que sería de dos días. ¡Qué merito tienen los pescadores! ¡Cuánto los admiro! Insisto, las cuentas no me salen. A lo mejor en el puesto de la plaza compran a un euro… En fin, mal negocio para todos. Si no se gana dinero, mala cosa, muy mala cosa.

4. El Palomar de la Breña

23 de agosto de 2006

Cumpleaños de Trini, lunes. Antes de irnos este martes, nos vamos al Parque Natural de Barbate y allí, por aquellos accesos forestales, un tanto sin rumbo, llegamos a la finca El Palomar de la Breña de golpe, de sopetón, pues los árboles impiden su visión de lejos. Es un sitio aislado, perdido, lejos de los ruidos del mundo. Un sitio con mucha paz, el *summum* de la tranquilidad.

Se trata de una construcción del siglo XVIII, que han reconvertido en un confortable hotel. Me quedé muy sorprendido, me quedé impactado, me quedé impresionado. Es un sitio sin igual para desaparecer del mundo.

Hay un enorme palomar sin palomas; no he visto ninguno que se asemeje ni de lejos. Es el palomar más grande de España y uno de los tres más grandes de Europa, con una enormidad de habitáculos para palomas (7.777 me dijeron) y cada uno es para cuatro palomas, dos grandes y dos pequeñas. Es tremendo, impresionante.

Barbate es una caja de sorpresas, desconcertante. El hotel es un magnífico sitio para desaparecer, para aislarse estando a cinco o seis kilómetros de Barbate. Un edificio con sabor tradicional, en un bosque, con un gigantesco palomar anexo sin palomas y con una larga historia. Me prometí no olvidarlo y volver.

Dicen que la cría de palomas se hacía por las deyecciones (o palomina), que sirven o servían para hacer la pólvora, como ingrediente de la misma, al ser ricas en nitrato potásico. Además, estas deyecciones servían de abono de cultivos exigentes, aparte del negocio de las palomas mensajeras y su utilización como carne.

Mis baterías del alma se llenaron con la visita al palomar. Ello hace volar la mente, como la de un palomo. También en su momento había colmenas y una porqueriza para cría de cerdos. Allí por olores no molestaría a nadie y las palomas tienen espacio para volar, volar sin límite, volar en el cielo y desde arriba ver el mundo volando.

En cada nido, una pareja de palomas torcaces, que cada tres semanas generan dos pichones; lógicamente, un palomar necesita mucho espacio y que no haya viviendas cercanas, supongo, por el tema de excrementos. Aquel sitio era ideal para un enorme palomar: un lugar aislado y poco visitado, en un sitio elevado y cerca del mar.

Bien se merece una película sobre una novela basada en una trama ubicada en El Palomar. Sencillamente, un palomar de esas características yo no lo había visto en mi vida. Si los hubo, seguramente que se han demolido.

Después nos fuimos a pasear sobre la arena de la playa, que hacía un escalón vertical de cerca de medio metro. Me contaron que había una señora a unos tres metros de la orilla, de pie, y el agua tendría unos sesenta centímetros de profundidad. La señora a voz en grito dijo:

—Soy de Logroño y me llega el agua a la rodilla.

Y uno del lugar le contestó:

—Pues espera a que suba la marea y verás como rima.

En fin, no creí al camarero del chiringuito que me contó esto, pero me hizo gracia y lo anoté.

Entrañable Barbate.

5. La muchacha y el perro

Verano de 2007

Al final del paseo marítimo, en Barbate, junto a lo que fue en su día el potente Consorcio Nacional Almadrabero, ya prácticamente en ruinas sus naves, hay un trozo de playa, en general poco concurrida, que se extiende desde las naves hasta desembocadura del río Barbate. Me fui allí con un libro. El libro y yo. Delante, el mar. Arriba, el sol. Sobre mí, las cremas, muchas cremas de protección solar. No quiero quemarme; estoy blanco como el papel blanco. Me da hasta vergüenza estar tan blanco. Se nota que acabo de salir de una oficina, donde llevo tiempo metido.

Leo, sigo leyendo, continúo leyendo. Levanto la vista haciendo un receso y veo un espectáculo que recuerdo con nitidez. No se me olvida. Una muchacha, de edad indeterminada, juega en la orilla del mar con un enorme, juguetón y hermoso perro. Un enorme perro, un perrazo.

La muchacha en su juego se pone de rodillas; estaría a 130 metros de mí. Es muy morena, atlética. Tiene un bañador de dos piezas, la de abajo en forma de V por delante y de T por detrás. Ella es de pelo negro y más bien largo, que le cae por la espalda; cintura estrecha y caderas no estrechas, tampoco excesivas. Un encanto, un espectáculo visual, una maravilla andante.

Se levanta y entra totalmente decidida y ágil en el mar con mucha soltura, no como yo, pesado, lento, torpe y temeroso cuando alguna vez me decido a bañarme. No ahora, sino siempre en mi vida. Cuando el agua le llega a la cintura pega un salto, se lanza de cabeza un poco más allá y nada con fuerza y belleza, con juventud, con alegría. El perro la imita totalmente. Da un salto y nada junto a ella, protegiéndola, guardándola.

Pasados unos minutos salen del agua ella y el perro. Salen al poco a la orilla. Ella se sacude el agua, sobre todo del pelo, y el perro hace lo mismo; los dos a la misma altura, la muchacha y el perro, cimbreándose para secarse, para sacudir el agua. Detrás, el mar azul; debajo, la arena dorada; arriba, el cielo infinito. Los oídos se recrean con el rumor de las suaves y pequeñas olas al chocar en la orilla. El alma queda fascinada y oigo música sin radio, música mental. Bella estampa la muchacha y el perro. La distancia y el sol me impiden ver con claridad la cara de ella y no me preocupa para nada la cara del perro. Se seca ella con la toalla roja. Bella estampa.

Sigo leyendo después del receso. El libro me gusta ahora más que antes y me quedo ensimismado en el mismo. Noto algo así como una sombra delante de mí, estando yo sentado en la arena. Levanto la cabeza y doy un fuerte respingo de la impresión. A un metro de mí, a la misma altura de mi cabeza respecto al suelo, está la cabeza del perro mirándome fijamente, sin dejar de mirarme muy fijamente.

Me quedo paralizado y muy asustado, mi corazón late fuertemente. El perro me mira con mirada de amigos, pero yo no me fío nada. Yo miro al perro muy temeroso y me encuentro acobardado. Yo no soy para nada amigo de los perros. Los perros no son amigos míos y yo sé que ellos lo saben. Los perros, en general, cuando me miran salen corriendo en dirección opuesta. Tiemblo, soy un cobarde. El perro se aburre mirando y se va y yo reanudo la respiración.

El perro vuelve junto a su dueña, que le ha llamado supongo, no lo sé. No me he dado cuenta de nada. Estaba paralizado. Ella se enfunda con mucha gracia un vestido negro algo ajustado. La muchacha y el perro se van. El perro pegando saltos junto a ella. Es un perro feliz.

Yo sigo leyendo mientras el corazón se va poniendo a su ritmo normal. Al rato me levanto pesadamente, como siempre, y con trabajo me sacudo los pies y me pongo a andar de forma renqueante con una bolsa de Herogra en la mano. En la esquina del paseo marítimo me siento en un banco, me vuelvo a limpiar los pies y me pongo unas sandalias de goma enormes, pues gasto el 47 y a veces hasta un 48. Un horror esto de no ser estándar.

Cuando logro calzarlas, levanto la mirada y veo que vienen hacia mí con aire decidido la muchacha y el perro; ella con su vestido negro, el perro tal cual. Detrás, a dos o tres metros, va un joven enclenque dando saltitos y hablando con el móvil. ¿Quién será? Él avanza, acelera y se pone al lado de ella. En medio, el perro. Hablan los dos, ella y el delgadito; en medio, el perro escucha.

Me alegra pensar que van a pasar por mi lado y le veré la cara a ella, a la morena de pelo negro, vestido negro y, debajo, bañador rojo. Pero ocurre que no, que giran a la derecha y se alejan la morena, el perrazo y el debilucho. No veo la cara de esta y pienso que quizá sea lo mejor. Llego a pensar incluso que a lo mejor verle la cara me hubiese decepcionado por aquello de la mujer de dos carreras, una carrera para ir a verla y otra para correr de nuevo espantado al ver la cara. Mejor la incertidumbre. Sería terrible, inmensamente triste, que fuese, por ejemplo, un travesti. Cosas más raras se ven en el mundo. Es mejor dejar la imagen bonita que tengo y no haber agotado la misma, no vaya a ser que rompa en decepción, que se rompa el embrujo.

Se pierden por la esquina, desparecen, se evaporan, desaparecen para siempre.

Me voy a casa. Me ducharé y seguiré leyendo. Trini estará en la casa. Ella siempre está activa, no para. Mientras camino, voy pensando y termino sonriendo yo solo y me digo: «¡Barbate es así!». Es mi gran conclusión del día. Y el mundo sigue dando vueltas.

—¿Qué tal lo has pasado? —me dice Trini.

—Estupendamente —le respondo—. He estado viendo lo bien que nada un perro en el mar.

6. Las gaviotas

8 de agosto de 2007

Voy al puerto de Barbate andando desde el apartamento, en el extremo más lejano del paseo marítimo. Son las nueve y media de la mañana. En el caminar empiezo a contar los pasos. Cuando llego a quinientos me aburro y no cuento más; sigo andando sin contar y sin pensar. El puerto está lejos, tardé en llegar más de media hora. No sé cuánto, pero tardo mucho. Estoy mayor.

—¿No hay subasta hoy? —pregunto.
—Pues no ha venido ningún barco para la subasta de las diez y media. En la subasta de las ocho y media sí ha venido algún barco, pero con poco pescado —se me contesta.

Prosigo andando. Voy a la fábrica de hielo, en el puerto. Oteo el horizonte, la bocana del puerto. No viene ningún barco. Solo veo una lanchilla, inmisericorde, de tres o cuatro metros de eslora y no más de 1,5 metros de manga. Estoy estático, observando durante unos minutos y escuchando una sinfonía completa, una sinfonía total para los sentidos.

—La escribiré —me comento a mí mismo—. No lo debo dejar. Esto es impresionante.

Las gaviotas, muchas, vuelan sobre el agua del puerto. Otras muchas gaviotas están posadas sobre el agua, nadando como patos. Quizá ellas hayan comido ya y estén descansando hasta el próximo vuelo.

Me alucinan las gaviotas. En el fondo me gustaría ser un *gavioto*. Sinceramente, me gustaría volar sobre el mar, flotar sobre el agua y comer pescado fresco y, además, barato.

—¡Mira, mira, gaviolas!
—No son gaviolas, son gaviotas.
—Pues eso tiene premio.

Es un dicho antiguo, algo soez, tan antiguo como el andar *pa'lante*.

Mientras contemplo las gaviotas todos los sentidos están en acción. Sobre el tacto, siento la brisa sobre mi cara y mis brazos, además de sentir un tenue sol. El oído disfruta con el rumor de las pequeñas olas al romper sobre el muelle y, al fondo, entremezcladas con la sinfonía, las voces no compaginadas y desafinadas de las elegantes gaviotas. La vista es, sin duda, el sentido que más se recrea. El olfato oliendo a mar. El sentido del gusto paladeando la brisa marina. Maravilloso Barbate.

Suena el móvil rompiendo el hechizo. Me llama desde Alicante don Antonio del Bello, un antequeranista profundo, y me hace una consulta técnica que procuro contestar. Quedamos en llamarnos para ir un día a ver su casa museo en Alicante, llena de libros y documentos de asuntos antequeranos, de los que es coleccionista acendrado desde hace muchos años, teniendo quizá la colección más importante del mundo sobre temas de Antequera.

Vuelvo a contemplar con parsimonia a las bellas y elegantes gaviotas. Vuelvo al apartamento y descubro que Trini se ha marchado a tostarse al sol. Enciendo el aire acondicionado, me ducho y leo la prensa, concretamente el *Diario de Cádiz*. Todo en silencio. Escribo esto, filosofo mentalmente y mi mente vuela como las gaviotas. Y sonrío. Sonrío pensando en las gaviotas. Sonrío en Barbate y veo qué simple es pasarlo bien, solo observando con el alma abierta.

7. El bolsón de pescado

Sábado Santo de 2008

En un escrito que tengo con esa fecha cuento:

Un viento terrible, formidable, diría que huracanado, hacía un ruido ensordecedor en el exterior. Abrí un poco la ventana de corredera para airear un poco el apartamento. Trini estaba muy afanada con el pescado, preparando el mismo.

Voy a contaros lo que nos ha pasado. Trini ha estado en la peluquería; regresó a la una de la tarde más o menos. Le propuse salir y dar una vuelta. Nos fuimos en el coche al puerto, a la puerta del puerto, valga la redundancia. Aparcamos y entramos al Restaurante-Museo de Barbate. Tomamos una cerveza con tapa de atún melva y después otra más con atún encebollado, esto por mi parte. Trini tomó un Martini con ventresca.

Había pasado previamente por el kiosco de prensa. No había prensa el Sábado Santo, yo lo sabía. Compré una revista de historia de España, que venía en una bolsa con un DVD de Isabel la Católica que por ahí conservo, todo por 3,5 euros. El kiosco vamos a decir que está cercano al mercado, en la avenida del Mar, junto a la Casa de la Juventud.

Al salir del museo-bar vi la tienda abierta. Al llegar estaba cerrada; ahora, al salir, abierta. Entré. Era de «delicatessen» de Barbate y estuve allí viendo, brujuleando y comprando algo.

De pronto, de forma inesperada apareció un personaje algo descuidado en el vestir y tremendamente delgado.

—¡*Le vendo la bolsa de pescado! Tiene «cañaíllas», un rodaballo y, entre otros pescados, una raya grande. Todo por doce euros.*

—*¿Y para qué quiero yo tanto pescado? Muchas gracias, se lo agradezco, no me interesa* —*le contesté.*

La señora que me atendía en la tienda me miró extrañada y me dijo:

—*Este pescado que vende es de total calidad y confianza. Este hombre viene todos los días, todos los marineros le conocen y al bajar las cajas del pescado de los barcos uno le pone en la bolsa un pescado, otro le pone otro y así este hombre junta una bolsa y la vende, tenga lo que tenga, por doce euros. Seguro que vive con los doce euros. Los pescadores lo saben y le ayudan a llenar el contenido de su bolsa.*

—*Bueno, amigo* —*le dije*—. *Después de la recomendación de la señora, me quedo con la bolsa. Le doy quince euros y no me devuelva nada.*

Le entregué el dinero, me dio la bolsa y salió corriendo como alma que lleva el diablo.

Yo, con la bolsa enorme, que además tenía un pequeño agujero por donde salía el agua, fui a comprar una nevera aislante grande de porexpán y pagué por ella cuatro euros. En la misma vacié la bolsa de pescado y tiré el envase vacío de plástico en una papelera.

No recuerdo tanto pescado por tan poco dinero. Nos fuimos a casa. Trini se durmió un rato, yo me pasé dos horas llorando con una película de una emigrante de Alosno (Huelva) que se fue a Barcelona: La Mari. Lloré desconsoladamente con la peliculita.

Trini después me decía:

—¿Para qué queremos tanto pescado?
—No tengo la menor idea. Entiendo que la mayor parte la regalaremos.

La ventana sigue entreabierta. Trini dice que no la cierre porque el apartamento huele a pescado. Dice ella; yo no huelo nada. Ella huele todo. Entra frío, el cielo está nublado y hace mucho viento en Barbate. Trini al rato me comenta:

—Cierra la ventana. Está empezando a entrar agua.

Me levanto y lo hago. Obedezco órdenes. Como siempre. Miro a través del cristal. Me encanta ver llover sobre el mar, me gusta ver cómo se llena el mar de agua. El mar se repone con la lluvia de lo que ha perdido con la evaporación. Se cierra el círculo. Es un espectáculo estupendo la lluvia sobre el mar, fascinante. Me encanta pasear por el paseo marítimo en invierno; el estar solo, o casi, cuando entro en una cafetería; encontrar la soledad. Ya con el bullicio convivo todo el año. Sé que es muy malo para los negocios, pero es bueno para mi alma. Y sí, me fascina ver llover sobre el propio mar, agua del mar y agua del cielo, un espectáculo único que cuando ocurre no me lo pierdo en Barbate y contemplo la lluvia sobre el mar hasta que deja de llover. No me canso.

Me gusta escribir intrascendencias, son cosas de la vida misma. En las intrascendencias está la trascendencia. Nos iremos mañana por la mañana. No me gusta conducir de noche y por la tarde del domingo iré a la oficina. Así cuando todos se

*incorporen el lunes yo andaré con notoria ventaja. Me gusta
ser el primero.*

Todo lo anterior lo tenía en un manuscrito, con mi letra
fea y difícil de leer. La bolsa de pescado y su historia. ¿Seguirá esto en la actualidad? Todo en la vida se va perdiendo
y otras cosas empezando.
Buenas tardes.

8. Nos vamos a avistar ballenas

Agosto de 2009

Fuimos a ver el Centro de Interpretación de la Almadraba, en el puerto. No podíamos salir en barco el martes; hacía levante.

—Bueno, apúntame otro día.
—Para más seguridad, el viernes. El barco sale a las diez de la mañana.
—Bien, allí estaremos.

Me vine a dormir al Hotel Galia porque en el apartamento estaban mi hija y su familia. Vienen con nosotros al barco Trini, Eva, Joaquín, Paula, María y Nerea.

En el pesquero Francisco Varo hoy, día 14 de agosto, hemos ido los mencionados y yo. Veinte euros por cabeza. El barco iba totalmente lleno, al menos sus asientos. En total, estimo unas veinticinco personas. Finalmente, no fue a avistar ballenas, estaba en un error. El trayecto elegido para ese día era un paseo por Los Caños de Meca y acercarnos a Zahara de los Atunes y bordear la almadraba.

Fuimos hasta el cabo Trafalgar. Una buena megafonía, muy interesante y clara, explicaba todo el trayecto. Pasamos por Los Caños de Meca y después bordeamos la almadraba, con redes de treinta metros de profundidad clavadas en el fondo. Hay cinco kilómetros de acantilados y unas 5.000 hectáreas de pinos piñoneros. Los jóvenes, los críos, estaban encantados del primer viaje en un barco pesquero de su vida.

Posteriormente, ese día nos fuimos a Conil por ver aquello que llevábamos tiempo sin visitar. Había un enorme ambientazo.

En Conil visité en 2019 La Chanca, que ha quedado de maravilla. Estuve asistiendo a una conferencia. Habríamos de tener algo por el estilo en Barbate.

Un día para recordar. Ya sé que ahora no está el barco pesquero, pero que se puede contratar uno para paseo los fines de semana en el Centro de Interpretación del Parque Natural, cuyas oficinas se sitúan en el interior del puerto. Quizá sea necesaria una web donde se anuncien todos los eventos de Barbate y algunos municipios colindantes; en definitiva, que sirva para entretenimiento a los turistas y también a los propios habitantes de Barbate. A veces ocurre que nos enteramos de los acontecimientos una vez se han celebrado y no siempre.

9. Los *volaores* de antes

8 de enero de 2011

Se llama así al pescado abierto por la barriga de arriba abajo, como el bacalao. Para que no se cierre el pescado abierto se le pone caña a todo lo ancho en la parte externa. Se cuelga por la cola, en un tendedero, para que se oree. A veces rápido, si corre el viento de levante.

Yo pensaba al principio que sería una especie determinada de pescado, un tipo de pez que podría volar por encima de la superficie del agua en muy cortos trayectos o saltos. Lo miraba detenidamente para ver si tenía alguna especie de alas más o menos rudimentarias. No he preguntado a nadie, pero deduzco que el nombre de *volaor* es por la forma de secado. Una vez colgado en la cuerda, con el levante se pone casi horizontal y parece que vuela. Con el maravilloso levante.

Nuestro apartamento está colindante a lo que en su día fue el Consorcio Nacional Almadrabero. Me acuerdo bien de las enormes latas de atún de mi niñez, de cinco o de diez kilos aproximadamente. Las latas, una vez llenas, se pesaban, supongo que antes de poner el aceite. Se pesaba una a una y el peso se le ponía sobre la tapa con un pincel. Así, cada lata de atún tenía un peso diferente. Ahora todas pesan igual, lo cual es raro.

El atún Consorcio de Barbate era sin duda el mejor atún en conserva de España. Las piezas en el interior de la lata podían ser muy grandes y había huecos entre ellas, cubiertos con aceite de oliva. Sobre el mostrador de las tiendas se vendía a granel; por ejemplo, cincuenta gramos, cien gramos, la mitad del cuarto (es decir, 125 gramos) y así. Los pudientes, incluso un cuarto de kilo.

Se ponía en la tienda el atún sobre papel blanco que no permitía ser traspasado por el aceite y encima otro papel de estraza. Estamos hablando de 1950 a 1960. Estábamos muy lejos de latas de menos volumen y ni por asomo de minidosis. A todos los efectos un lujo. Se pensaba en aquellos tiempos como sueño imposible.

El peso en la báscula del tendero, generalmente una Mobba, era un tema delicado, pues la aguja del peso señalaba un tanto de acuerdo con la posición del pesador. Para hacerlo bien había que ponerse totalmente delante, a noventa grados.

El volumen de la lata iba en consonancia a las ventas de la tienda. Si las ventas eran pocas, la lata era de 2,5 kilos, que era la más pequeña y proporcionalmente más cara.

El atún Consorcio de Barbate era, sin duda, el de más calidad del mercado, el más apreciado, y se vendía más caro. «Es que este es del Consorcio», aclaraba el vendedor.

Mi padre compraba camiones de atún Consorcio. Camiones en aquellos tiempos de menos de la capacidad de carga de los actuales. Las latas iban metidas en cajas de madera, magníficas cajas de madera con flejes para evitar que se abrieran. Por supuesto, las cajas no eran para quemarlas, sino para reutilizarlas en carpintería. Las cajas de atún Consorcio eran también las de mejor calidad, de mejor madera y más gruesa. Hoy ya no es como antes; ya no se conserva en aceite de oliva, sino en otros aceites, por lo general. Supongo que por el precio, no lo sé. De todas formas, para atún en lata los de Barbate.

Las instalaciones del antiguo Consorcio en Barbate tenían y tienen ya menos casas adosadas para que los trabajadores en la época de la almadraba se pudiesen alojar. Son casas típicas que habría que mejorar y conservar, pues son parte de nuestra historia, y que los nuevos bloques de pisos tuvieran fachadas con cierto sabor andaluz y, por supuesto, de color blanco. Últimamente se está haciendo pintar en blanco cada vez más fachadas. Es lógico, es nuestro color y da mucha belleza. Es nuestra Andalucía bendita.

Hace años era frecuente ver en los tendederos de las casas los *volaores* colgados por la cola; era típico ver unos calzoncillos y al lado un *volaor*. Entre *volaor* y *volaor*, calcetines, pantalones. Entre ellos convivían los *volaores*. Una típica estampa, ya desaparecida. Ya no hay *volaores*, ahora hay que quitar la ropa tendida de la fachada de los edificios. Si no hay terraza, que se aprovisionen de una secadora o que se vean otras soluciones. Los *volaores* son tema de industrias de productos de la tierra. No los preparan los particulares. Eran propios de otros años, muy atrás, como manera de conservar el pescado. Eran otros tiempos, de otros siglos. Ahora es una tradición para conservar. Como los toneles de arenques, de tan grato recuerdo y que se ven de vez en cuando por ahí.

Estos olores a arenques, a pescado, pues no son en la actualidad la moda precisamente y se rehúye de ellos en buena medida. Ahora los olores son productos químicos, no ecológicos entiendo. Me encanta el olor a sardinas y no atacarlo tanto, lo que no tiene sentido. Y bueno, si hay unos calzoncillos al lado de un *volaor*, pues es un poco adelantar el olor de estos.

Me dice hoy tomando café un vecino en la barra de la cafetería que el tabaco no está prohibido en los asilos de ancianos. ¿Allí el tabaco no mata? ¿O será que no quieren prohibir las últimas voluntades? También se me dice que en los psiquiátricos tampoco está prohibido. Esto sí lo entiendo. Cualquiera le dice a un ingresado en un psiquiátrico que no fume.

Sería bueno quizá que hubiese cafeterías manicomio para que se pueda fumar y hasta cantar si fuese preciso.

Han desaparecido los *volaores* de los tendederos en Barbate y no nos hemos enterado, no lo hemos visto en ningún telediario, ni siquiera en la prensa. Han desaparecido y nadie ha dicho ni pío. Un mutismo total. Y muchos incluso se habrán alegrado. Es más, ni siquiera se acuerdan.

A mí no me parece bien que se haya perdido esta monada paisajística. En cuanto a los olores, quizá el olor a bacalao no guste porque pueda ser similar al de una persona que se lava poco. ¿Pero qué culpa tiene el bacalao? No confundamos.

En fin, no estaría mal que, como nota de tipismo, se volvieran a colgar *volaores* (eso sí, sin calzoncillos al lado) en alguna que otra ventana del paseo marítimo. Y no sé cómo en muchos casos no gusta el olor a sardinas. Es maravilloso.

10. El día grande de la Virgen del Carmen

16 de julio de 2011

Estuvimos comiendo con mi hija, Eva, y con su marido, Joaquín; las nietas, Paula, María y Blanca, y el pequeñísimo Davilillo.

Eva estaba cabreada. Una vecina madrileña le dijo en la playa: «Eva, no me digas que estás embarazada otra vez». Era una forma de llamar gorda a mi hija, que no lo está. Mi hija Eva quedó paralizada, pero no supo contestar.

—Estas cosas, Eva —le dije—, tienes que tenerlas preparadas y darle una contestación tal como esta: «Querida amiga, te agradezco que me hables sinceramente y con claridad. Yo también, en vista de ello, voy a hacer lo mismo contigo, lo cual, evidentemente, hago con espíritu constructivo. Y es que te veo viejísima y muy arrugada. Es como si en vez de un año hubiesen pasado diez. Debes ver cómo cuidarte más. Lo digo sin ánimo de ofenderte, solo de ayudarte».

Este año no ha venido María Ángeles, una vecina de playa de Trini. Pensamos lo peor y, lamentablemente, hemos acertado. José María, Chema, falleció el 6 de junio. No tienen hijos. Ella pinta al óleo muy bien; puso en su momento una exposición en la avenida del Río y le compré un cuadro de un paisaje de olivos. Descansa en paz, amigo Chema. Era especialmente cariñoso con los niños y ha venido verano tras verano a Barbate, al menos durante veinte años. Trini está impresionada. A Trini le decía: «¿Cuándo vas a hacer la exquisita porra antequerana?». Ellos son cordobeses. Ya es la segunda falta; hace unos años se fue Luis, el marido de Carmen Vergara. Descansad en paz, amigos. Cuando Dios quiera iré a acompañaros y hablaremos de Barbate.

Cerquita de nosotros había una fábrica de conservas vegetales, El Rey de Oros. La han cerrado y trasladado, la han derribado y en su lugar han puesto un gran Mercadona. O pistas deportivas, no lo tengo claro.

Han quitado, gracias a Dios, una enorme construcción que había en pleno paseo marítimo. Abajo eran casetas de bañistas y arriba, un paseo. Total, han demolido la antiestética construcción y han despejado estupendamente el paseo marítimo.

Este año a la Virgen del Carmen la han nombrado patrona de Barbate y alcaldesa perpetua. Ya tenemos dos patronos, el otro es San Paulino. En Antequera tenemos tres, se va en contra de los monopolios.

He estado viendo la salida de la Virgen hacia el puerto, donde esta noche sale embarcada. De un año para otro, por sorteo, se hace la elección del pesquero en el que va a ser transportada, el pesquero que va a pasear a la Virgen por el mar mientras miles de personas la contemplan desde la playa.

Entro en la iglesia de San Paulino, observo a las señoras muy bien arregladas, veo a muchos hombres impecablemente bien trajeados, con su raya en los pantalones, ropa bien planchada y camisas blancas con corbatas bien colocadas, centradas y con el nudo bien puesto. Lo que me interesa ver es a las mujeres. Iré, por supuesto, al puerto a ver embarcar a la Virgen esta tarde. Es una ceremonia que me apasiona, la he visto muchas veces. Es maravilloso el puerto a tope de personal, el mar, la gente guapa, el agua, la fiesta, la alegría.

11. Paseando por Barbate

17 de julio de 2011

Trini, como suele ser habitual en Barbate, se levanta muy temprano y se da un paseo por la orilla del mar. Es un tanto típico de ella, la cual adora Barbate. No hay día que no diga: «¡Qué maravilla es vivir en Barbate!».

A las nueve de la mañana desayunamos un buen café y después soy yo el que me voy a dar un paseo, que se prolonga durante dos horas, teniendo en cuenta que media me la paso leyendo la prensa en una cafetería que al azar vea en mi trayecto, siempre distinto. Esto no se lo digo a Trini. Ella piensa que todo el tiempo que estoy fuera estoy andando.

Entablo conversación en la cafetería con un señor que está a mi lado. Hasta hace pocos años Barbate, cosa rara, mantenía los nombres de algunas de sus calles: avenida de José Antonio, avenida del Generalísimo, avenida General Moscardó, por ejemplo. Pues bien, ya han cambiado los nombres de estas. Por ejemplo, la avenida de José Antonio se llama ahora avenida del Río, por ir paralela y a pocos metros del río Barbate. Ya me extrañaba a mí que estos nombres sobrevivieran. No soy franquista ni, por supuesto, falangista; pero, no sé, quizá los nombres convenga mantenerlos, pues, en definitiva, nos guste o no, son parte de la historia y la misma está ahí y hay que afrontarla. Paso por la calle 14 de Mayo de 1938. Creo que es esta la fecha y mi mente no la ha cambiado sin darse cuenta. Supongo que es la fecha en la que Barbate fue declarada municipio independiente, ya que antes formaba parte de Vejer.

Paso por el Cine Avenida y me llevo una enorme alegría, ya que no lo han demolido como leí en la prensa que se iba a hacer. Los edificios emblemáticos deben ser conservados. Por cierto, en una convención de Fesa-Enfersa (ahora con el nombre de Fertiberia) el señor Villar Mir, propietario de la misma, dio una conferencia con su biografía y un tema que comentó fue que quizá el primer trabajo como ingeniero fue el diseño y construcción del Cine Avenida de Barbate. Esta convención fue en Sevilla, en Hotel Alcora, en aquellos momentos propiedad del Grupo Villar Mir.

Según parece, cuando fueron a derribar el cine, como tiene hormigón en cantidad industrial realmente es como un búnker, por lo que el costo de la demolición se elevaba muchísimo y no hay peligro de ruina ni remotamente. Entonces, según me contaron, decidieron dejarlo en pie. Cada vez que paso, pienso que habría que actualizarlo y darle un uso alternativo, tal como un museo, por ejemplo. Con esos muros tan gruesos sería un museo bastante seguro. Pero nunca demoler la historia. A mí me parece recordar en la década de los 90 haber ido alguna vez al cine comentado.

Este mismo informante de cafetería me dice:

—¿Sabe usted dónde está el edificio Atlántico?

—Pues sí —le digo—. Lo conocía cuando era una estupenda explanada de aparcamientos para el mercado de abastos, que lamentablemente ya no tenemos.

—Pues ese edificio antes era un teatro —me comenta.

Qué pena que el mismo haya desaparecido. Siempre es bueno en las poblaciones tener un teatro al menos. Por lo visto, era impresionante y el mayor de España de ancho, sin columnas. Yo no he llegado a conocerlo, no lo recuerdo.

Hoy, de nuevo, como todos los 17 de julio, cumplo años y hoy, como casi todos los años por esta fecha, estoy en Barbate.

José, mi hijo, me llama. Está muy cerca, en Los Caños de Meca, y regresa a Sevilla. Viene con una señorita que se llama Belén Martín, muy alta, guapa y simpática. Mi hijo me comenta que se va un mes completo a Marruecos (nunca yo en mi vida he tomado unas vacaciones tan largas del tirón, los tiempos cambian). Nos vamos a comer Trini, José, Belén y yo a Bodega El Picoteo. Jamás he comido en estos últimos años tan barato y de buena calidad. Raciones variadas a cinco euros: de calamares, fritura de pescado, etc. Total, los cuatro, veintiocho euros. Como es poco, pago yo. Quedo bien y me cuesta poco.

Me llama mi hija Eva. Junto con su prole, Paula, María y Blanca, me cantan «cumpleaños feliz, Pepe» (no me gustaba que me llamasen abuelo antes; los abuelos son mayores y yo soy como un niño), y «es un muchacho excelente» a coro por el teléfono.

Cumplo hoy 67 años. Cuando deje de trabajar viviremos Trini y yo entre Antequera y Barbate, lo tenemos claro.

Hace fresco hoy en Barbate y no hay mucha limpieza, en las calles. No sé, no tendrá dinero el Ayuntamiento. Esto es crónico y triste. En los veranos los contenedores de basura se colmatan y se hacen montañitas de bolsas a su lado y además dejan colchones, sillones y otros enseres. En fin, esto ha de cambiar en Barbate, el Ayuntamiento no debe permitirlo (ya estas cosas en 2019 han tenido cambios drásticos a mejor).

Paseando por Barbate paro, observo y miro; paseando por Barbate pienso que tiene una enorme potencialidad, pero hay que aflorar la misma. Creo que Barbate está al filo o muy cercana a dar grandes pasos en su transformación y convertirse en una ciudad limpia y más atractiva. Ahora, es triste decirlo, es una ciudad descolgada del resto, más anticuada, que necesita un plan especial dentro del contexto provincial para aflorar sus potencialidades.

12. La plaza de abastos

19 de julio de 2011

La visita al mercado de Barbate para mí es una visita obligada, imprescindible. No hay una sola vez que haya venido a Barbate y no haya ido a comprar al mercado. Siento un cierto magnetismo que me lleva de forma automática al mismo por una variedad de sensaciones, aparte de su variedad de pescados, carnes, frutas y verduras y, sin duda, su alta calidad.

Allí vienen del puerto caballas, sardinas, boquerones, salmonetes, chocos o el suculento atún rojo salvaje, obtenido por el arte milenario de la almadraba. Veo el mercado en su pura esencia, cerca del puerto pesquero, cerca de las huertas del río Barbate, cerca de las terneras de carne de retinto en las dehesas cercanas, de calidad única. Mercado de los de antes, mercados de tipo antiguo que después de muchos años han sido en buena medida barridos por las grandes superficies. Para mí, la calidad y el ambiente de un mercado tradicional tienen mucho más valor que los de la gran superficie.

El ganado retinto es una especie de vacuno de la comarca, única en el mundo. El animal tiene color caoba y era en su día apropiado para el trabajo y para carne. La tracción animal desapareció, sustituida por la tracción mecánica, y muchas razas de ganado se extinguieron si eran específicas como animales de trabajo, pero el retinto subsistió por su dualidad Se implantaron razas nuevas de alta productividad de carne, diremos que extranjeras, pero el retinto sobrevivió, alimentándose en dehesas mediterráneas, no muy productivas, que necesitaban animales muy resistentes y no otros. Pero ha merecido la pena: la carne de retinto se está configurando como *delicatessen*, pues tiene un sabor que es difícil encontrar en otras carnes, y entiendo que se le va despejando el panorama, que hace años era bastante negro.

En cuanto a los productos de mar, la tradición es antigua. Hace cinco siglos el puerto interior de La Barca de Vejer era el cuarto puerto más importante de España. Quizá algún día podamos ver de nuevo el río Barbate navegable hasta La Barca de Vejer. Bueno, es claro que yo no lo veré; a lo mejor los nietos sí.

En la provincia de Cádiz hay historia, hay cultura milenaria y productos agroalimentarios de mucha calidad, productos locales. Y por ello el mercado de Barbate pervive cuando el de muchas localidades ha muerto. Y creo que se mantendrá muchos años.

En estos mercados no hay silencios como en las grandes superficies. Hay bullicios, conversaciones, ruidos, hay humanidad, hay personas que palpitan, hay colas y no hay prisas. No hay, menos mal, aire acondicionado, sino aire natural purificado por el mar y no por filtros saturados. No hay que comprar por internet ni te llevan las bolsas a casa, no te dan numeritos en un papelito para hacer cola y solo en algunos, porque en otros preguntas quién es el último y ya sabes cuándo te toca, que es lo natural.

Hablas con los que están para comprar como si los conocieras de toda la vida, te dan consejos sabios de concina. Realmente, se recibe un máster gratuito. Es otro mundo, más humano que una gran superficie. No te cobran las bolsas con el pretexto del ecologismo y hablas con los que despachan y te ponen un poco de más para que te vayas contento, además de obsequiarte con una sonrisa, que es un tema muy importante. Es muy importante despedir al cliente con una sonrisa.

Así, en la plaza de abastos hablas y vives y no vas llenando un carro, sin hablar con nadie, cogiendo cosas de los estantes sin más palabras y después poniendo las cosas en la caja de forma rápida, pues ves cola detrás con mala cara. Abogo por el mercado tradicional, por el comercio tradicional convencional, y supongo que cuando pase esta moda arrolladora de grandes superficies volveremos a donde siempre, donde hay muchas más relaciones humanas, porque, sencillamente, somos humanos.

13. Recuerdo del Restaurante Torres

Hace muchos años (no sé, supongo que 35) de vez en cuando nos citábamos con un amigo, don José Manuel Durán Gallardo, de Vejer de la Frontera, agricultor, ganadero y distribuidor de fertilizantes.

—Os voy a llevar —nos dijo un día— al mejor restaurante de Barbate, al Restaurante Torres.

Y allí fuimos. Don José Manuel conocía bien al señor Torres, eran amigos. Y se comía muy bien. Los camareros estaban altamente profesionalizados, la temperatura interior era agradable, todo estaba muy limpio, todo muy cuidado y de alta calidad. Se estaba totalmente pendiente de que el cliente quedara satisfecho. Allí tomamos por vez primera las ortiguillas (anémonas). Otro día nos llevó a Casa Pinto, a La Barca de Vejer, con una calidad muy alta igualmente.

Restaurante Torres tenía su gran cartel en la fachada, en sitio muy estratégico, donde se inicia el paseo marítimo y enfrente de un aparcamiento. Situado, pues, en el frontispicio del paseo, como diría alguno.

Trini y yo fuimos en algunas ocasiones, sobre todo a tomar algo en la barra. Un año, hace seis o siete, supongo que en 2006 o 2007, el restaurante cerró. Para mí, algo se muere en el alma cuando un comercio lo cierran.

Hoy, 15 de agosto, día de fiesta, nos vamos a Vejer, cada día más limpia y más bonita. Trini huele a churros en Vejer. Preguntamos dónde los hacían y vamos por ellos.

—¿Son de patata o de harina? —preguntó Trini.
—Pues, señora —le contestó el churrero—, todo el mundo piensa que hay churros de patata (los finos y con aristas) y churros de harina (los que por dentro son una sucesión de cámaras de aire) y no es así. Todos son de harina, de un tipo de harina o de otro, pero no hay churros de patata

Así, con ellos, una vez despejada la incógnita ancestral, nos dijo el churrero:

—Señora, pueden ir a la terraza del bar de enfrente y tomar allí los churros. No les pondrán ningún problema.

Y allí, en la fresca terraza, cómodamente sentados, pedimos un café con leche para cada uno. Al poco Trini y yo sufrimos un dolor de estómago impresionante y nos fuimos para Barbate, pasando antes para reservar el sábado una visita al Museo del Atún, en el polígono Los Olivos.

Torres, el del restaurante, me han dicho que tiene tres hijos y que tienen un bar próximo al Mercadona, en Barbate. Como es fiesta, aparco en zona prohibida, dentro del contexto de Mercadona, pero no en la puerta de una cochera, obviamente. Nos vamos al Bar Torres. Pedimos una cerveza y unas ortiguillas y hablo con ellos.

—Sí, somos tres hermanos —nos dicen— y llevamos aquí unos cuatro años. Aquella de allí —explicó señalando a una señora que estaba también en el bar— es mi señora. Mi padre enfermó, se puso fatal, cerró y vendió el restaurante. Allí lo tiene usted, en la esquina, con mi madre. Han venido a vernos. De vez en cuando tiene algún arrechucho, pero está bien.

Al señor Torres se le ve bien. Yo no estoy bien con los churros dichosos. Eso y el tiempo transcurrido (sobre todo la incomodidad estomacal) me hacen no entablar conversación con el señor Torres, de lo cual me arrepiento.

Leo un cartel de un concurso de cante flamenco en Barbate, de mucho tiempo atrás, y figura entre ellos el señor Torres.

—Nuestro padre canta muy bien flamenco, pero ya no, porque no debe hacer ningún esfuerzo.

Los hijos del señor Torres han tenido buenos maestros en su padre y su madre. Basta hablar y se les nota.

También leo un diploma al chef, galardonado un año como el mejor restaurante de la provincia. Se ve en la foto al señor Paulino Plata, consejero de la Junta, quien, aunque no es antequerano de nacimiento, sí lo es por vivir en Antequera desde hace muchos años, pues, como dice el dicho, los antequeranos podemos nacer en cualquier parte.

Toda una saga con la familia Torres. Ahora en 2020, hemos ido al nuevo sitio, a Paquete Torres, junto al puerto, y siguen tan profesionales como siempre.

14. El río Cachón y el origen de la palabra cachondeo

18 de agosto de 2012

Desemboca en Zahara de los Atunes (Barbate), allí donde Miguel de Cervantes estuvo en la pesca del atún y en uno de sus libros, *La ilustre fregona*, describe su experiencia de aquellos años.

Con los asaltos de los piratas berberiscos era un sitio peligroso donde vivir, además del trabajo duro; por ello, solo iban los que estaban un tanto desesperados. Incluso creo que redimían penas de cárcel por estar en estas pesquerías.

Aquel ambiente se prestaba al juego de azar, se prestaba a más de una pelea y también, cuando había dinero amplio, a orgías de alcohol y bromas, todo ello junto al río Cachón. De ahí proviene una palabra tan andaluza como cachondeo, término muy nuestro que viene a significar guasa, broma, juerga.

El río, sensible a la marea, nace en Tarifa y desemboca en la playa.

Esta mañana hablaba con un señor de Barbate de los barcos de pesca y me comentaba:

—Antes había al menos cuarenta empresas familiares y quizá hasta cien barcos; ahora no hay más de quince o veinte barcos y empresas familiares no más de seis y ninguna multinacional.

La actividad ha decaído demasiado, hacen falta planes alternativos. Las cuotas pesqueras me dan la sensación de precariedad, incertidumbre y de ser cada vez más cortas. Habrá que ir por la acuicultura.

Esta mañana he estado en el museo de La Chanca, que es una marca de Salpesca y que es (o era) el sitio donde se guardaban los utensilios de pesca antiguamente y se almacenaba el pescado.

En esta visita al museo he visto el ronqueo del atún, es decir, cómo se despedaza un atún de verdad, a la vez que explicaban el episodio. Hay mucho que se desperdicia, entre un 30 o 35 por ciento, que envían a la fábrica de harinas de pescado de Tarifa. Al ronqueo lo llaman así porque al pasar las cuchillas por las raspas dan un sonido muy similar a los ronquidos de un ser humano.

El atún rojo de almadraba se me comenta que se exporta un 50 por ciento y el otro 50 por ciento se consume en España. El consumo va en crecimiento en nuestro país, donde también se están poniendo de moda algunos platos japoneses de atún.

La parte más selecta del atún es el morrillo. En un atún, el morrillo es pequeño, es poco más grande que el tamaño de un huevo. En fin, en esto es cuestión de gustos. A mí me gusta más el atún más graso. La ventresca, concretamente.

Veo cómo se prepara la mojama, con sal marina muy gruesa; también los ahumados, a los que, además de sal, se les pone azúcar; y el repertorio completo de salazón, conservas y de platos semielaborados, las huevas y, en fin, delicias gastronómicas.

Trini y yo estuvimos ayer en Atlanterra con nuestros amigos Alberto Romero Girón y Carmen. También estaban José Romero Girón y su mujer, Mamen. Igualmente, estaba a mi compañero Juan Carlos Pecci y su mujer, Maite. Pasamos un rato agradable diciendo chorradas. El campeón, sin duda, fue José Romero Girón, que dijo la más grande. Además, con un gesto serio que desconcertó.

15. Paseando por la playa

23 de julio de 2014

Me fui a la playa a las ocho de la mañana o quizá un poco antes. Al hacer yo un poco de ruido al levantarme, aunque tuve cuidado de no hacerlo, desperté sin querer a Trini y ella al verme levantarme hizo lo mismo. Aunque le dije que siguiera en la cama, se levantó y preparó el desayuno. Desayunamos juntos y hablamos por lo general como ceremonia del inicio del día.

Llegué a Barbate con las piernas entumecidas de tanto estar sentado en la oficina y, por consiguiente, con problemas al andar tras una vida sedentaria total de años y años. Al poco de iniciar el paseo por la playa me fui sintiendo mejor, escuchando las olas al morir en la orilla, que no es sonido funerario, es un sonido rítmico de murmullo. Es quizá la forma de hablar entre el mar y la tierra, de comunicarse, de transmitirse.

La playa a esa hora no está solitaria ni mucho menos. Lo que hago yo lo hacen muchos, todos andando por la orilla. Unos con los pies en el agua, los más; y otros tres o cuatro metros tierra adentro, los menos. Todos con al menos setenta años cada uno. Todos pensando que el paseo nos alarga la vida. Todos con más de setenta años, mujeres y hombres, menos tres jovencitas que quizá fuesen para hacer el contraste a este geriátrico en movimiento. Todo un montón de años se acumula paseando por la playa, o más bien de siglos y siglos de experiencia. Después de pensar un rato vi claro que los jóvenes no pasean por la playa por las mañanas, duermen más. Quizá porque tengan más vida por delante.

Medité sobre por qué las olas rompen sobre la arena y observé las ondas del agua que se forman cerca de la orilla, muy cerca, con la mar en calma. Van andando, son todas ondas andarinas y tienen mucha más base que altura. Cuando van llegando a la orilla pierden la base. Al no tener fondo, elevan su altura y se caen. Ondas de agua caídas, olas son, murmullo del agua del mar infinito. Las olas rompen mil gotas bulliciosas y alegres.

Delante de mí van tres señoras de la tercera juventud, que suman más de dos siglos de experiencia. No van de cualquier forma, van ordenadas: la mayor de estatura a la derecha, más lejos del mar; en el centro la intermedia, y la pequeñita más pegada al agua. Van escalonadas, nada de altibajos. Van como Dios manda.

Una señora camina con su perro bañándose en el mar, un repelente chucho que me mira con mala leche y yo a él igual. La señora del perro va feliz y me lanza una sonrisa alegre. Yo le devuelvo otra con la cara que me puso el chucho. No me gusta para nada un perro en la playa. ¿Qué hacer con la máquina de hacer caquita en un lugar donde está prohibido y no hay sitio adecuado para ello? A los cincuenta metros veo sobre la arena los resultados de pasear al perro por la playa. Me cabreo por esta falta de civismo, pero desisto de encararme con ella. No quiero líos, bastantes tengo ya. Me cabreo por esta falta de higiene en una impecable y maravillosa playa.

Prosigo andando y andando hacia el puerto, pero ya con la mente decepcionada. Ya voy con otro aire, voy con un poco de mala leche por lo visto. Veo el puerto cada vez más lejos en vez de cada vez más cerca. Esto de andar, como no lo hago, se me está olvidando. Y el estómago desarrollándose con tantas comidas de trabajo que me matan.

Pienso que muchos paseantes están contando las veces que suponen que les quedan por ver el mar; no muchas, desde luego, en su más o menos generalidad. Seguramente, para algunos o muchos, entre los que puedo estar yo, sea nuestro último verano o el penúltimo. Sé bien que mi corazón no está bien.

Al fin llego al muro del puerto, a la pared, por el exterior. Las piedras, al pie, están cubiertas de musgo verde. A tres metros de mí, sobre una piedra pequeña, se sienta muy seria, delgada y pequeña una señora ya de muchos años. No ocupa apenas espacio; es una señora breve, recoleta. Yo precisamente soy lo contrario.

Al volver me encuentro de frente al sol; me da en toda la cara y sus reflejos platean sobre el mar. El sol platea también la arena amarilla de esta impresionante playa. Aunque no soy rápido andando, alcanzo, para mi gozo, a otro aún más lento que yo.

—¿Qué, amigo? —le espeto y pregunto—. Buenos días. ¡Qué bonito paseo! Temperatura agradable, la sinfonía del agua, el disfrute de la vista. Todos los sentidos lo pasan, menos el gusto, que para ello ya he desayunado.

—Sí, amigo —me contesta—. Es que como esta playa del Carmen de Barbate no hay ninguna.

—Estamos totalmente de acuerdo —le contesto y me voy poco a poco alejando de él al ir más rápido en mi lentitud.

«Érase un hombre a una nariz pegado», escribió Francisco de Quevedo y Villegas para describir a un narigudo. Yo me podría describir así: «Érase un hombre a un sillón pegado».

Salgo de la playa por el camino de tablillas y veo a un señor lavándose los pies en la ducha de pies, junto al paseo marítimo, y espero pacientemente a que acabe para hacer yo lo mismo. El hombre no tiene ni pizca de prisa; yo tampoco. Después me autodigo:

—¡No sé por qué he estado esperando a que el hombre termine de lavarse los pies cuando en el mismo poste, al otro lado, hay otro lavapiés. ¿Tan mal ando de reflejos, tan poco pienso?

Y me contesto:

—¡Claro, es lógico! ¡No he venido a Barbate para pensar!

Voy al kiosco del castillo. Me atiende la cuñada de Maribel con uniforme rojo y labios pintados de rojo. ¡Qué alegría por la mañana ver a una señorita tan bien acicalada! Le compro dos periódicos.

Esto de dar un paseo lo debo hacer todos los días. Es un tema que me llevo diciendo medio siglo.

Trini y yo tenemos planificado desde hace mucho que cuando nos jubilemos compartiremos nuestro tiempo entre Antequera y Barbate. Y en Barbate pensamos pasear por la orilla del mar.

La vida es como es. Hemos de verla en positivo, porque así se producen endorfinas y anticuerpos que dicen los técnicos que alargan la vida.

16. Reflexiones sobre el atún

24 de julio de 2014

Prefiero escribir a ver *Sálvame Deluxe* en Tele 5, que es lo que está viendo Trini, y reflexionar sobre el mundo del atún, un manjar de primera, muy apreciado sobre todo por los japoneses en el *sushi*, el *tataki* y otros platos. Odio el programa de Tele 5 por las tardes, no lo puedo soportar.

Durante milenios se ha visto y estudiado la manera de conservar el atún, cuando no había casi medios y los transportes eran lentos, y así se ha venido desarrollando una industria en la que hoy podemos tomar atún fresco todo el año con calidad muy grande, lo cual se ha conseguido con la ultracongelación, que es una técnica especial, diferenciada bastante de la congelación simple.

No sé si habrá más adelantos sobre el tema. Ahora, con la ultracongelación, parece difícil conseguir nuevos avances. Hoy día con la misma, así como con los envases mantenedores de temperatura y los envíos por empresas de mensajería muy rápidas, se puede tomar atún fresco de alta calidad en cualquier parte del mundo. No es como antes. Por otro lado, las cuotas de pesca son reducidas y la demanda irá en aumento con la subida del nivel de vida y el mayor número de habitantes en el mundo.

Sistemas de «piscinas marinas» o «jaulas en el mar» (como ya se tienen, que yo sepa, en Barbate para el engorde del atún en el propio mar) no dejan de ser ingeniosos para tener pescado fresco todo el año, supongo, y alimentado con productos del mar se tiene más producto en el mercado.

El atún secado al aire era una forma de conservarlo. Otras variantes son el ahumado; la salazón, es decir, introducirlo un tiempo en sal; el escabeche, es decir, meterlo un tiempo en vinagre; el adobo… En fin, una gran variedad. Después llegó la conservación del atún, previamente cocido, en frascos herméticos de cristal y, ya más modernamente, en lata, en envases cada vez más pequeños. Más y más pequeños para no engordar.

Atún rojo salvaje (la melva, que es una subespecie del atún).

Barbate es la cuna del atún en escabeche. La preparación de atún ceviche es un plato cuyo origen está en países de Sudamérica.

Siempre he estado liado con el nombre del atún procedente de su barriga, que tiene más grasa y cada uno en Barbate lo nombra de una forma: ijar, ijá, aijar o ijada. Se le llame como se le llame, está estupendo. Otra cosa es que lo pidas así y te den el que tengan. Por ello, la garantía del establecimiento es fundamental. Siempre ocurre lo mismo: al final solo quedan los que dan calidad, donde hay garantía de la misma.

Y vino blanco del año, vino de cosecha. Ayer comimos atún en Los Seis Grifos, atún de barriga; y pedí vino, pero que fuese de 2018, que lo pusiera en la etiqueta. No me gustan los vinos dulces; sí, y bastante, los blancos monovarietales, porque los *blend, coupage* o mezcla de variedades son una caja de sorpresas. Me gusta más ir a lo seguro.

En mi opinión, esto de las crianzas, reservas y grandes reservas son tradiciones muy antiguas como forma de conservar el vino y recorrer grandes distancias. Los vinos de añada deben consumirse antes de los seis meses; pero, en fin, en mi modesta opinión, me gustan más los vinos de la añada de la cosecha reciente por sus aromas, por los sabores a campo y naturaleza, que se pierden si está excesivamente frío.

Me acuerdo de que hace muchos años, siendo fechas de finales de diciembre, llamaron a la puerta del apartamento, lo cual me extrañó mucho, pues era directamente en la misma y no desde el portero electrónico. Trini y yo estábamos dentro, yo con un pantalón viejo, que me lo había cortado por la rodilla. Además, corte con flecos y, por si fuera poco, tenía algunas manchas. Trini tenía un pie escayolado. Había metido los dedos en una red de pesca y se había partido un dedo en sus madrugadores paseos por el puerto. Trini y yo estábamos tomando pescado «seco», un *volaor* con cava.

Abrí la puerta y eran mi hermano Antonio y mi cuñada María José, superelegantes. Eran las últimas personas que pensaba que podían llamar. No las imaginaba allí ni remotamente. Me explicaron que habían tenido «un pronto» y se habían venido a un hotel de Atlanterra.

La puerta del dormitorio da al pequeño saloncito y la cocina también. Me dijeron que les enseñara el apartamento y les contesté: «Es lo que estáis viendo». En fin, nos vestimos de forma rápida más decentemente y nos fuimos con ellos a un restaurante del paseo marítimo, en el que tardaron muchísimo en servirnos y comimos regular. Tuvimos poca suerte. Los restaurantes de calidad (y buen servicio, por supuesto) tienen un efecto llamada importante. Cada día se quiere comer mejor no en volumen, sino en exquisiteces. El mundo evoluciona y no los diferenciales de precios, que no son tan altos.

La cultura del atún es un tesoro y, por si fuese poco, las carnes de ternera de retinto son otra historia.

El sábado nos fuimos a Restaurante Antonio, en Zahara de los Atunes, con previa reserva. Íbamos con nuestros amigos don Alberto Romero Girón y su señora, Carmen, sumamente inteligente.

Les comenté que en mi familia el día de la Virgen del Carmen había sido muy importante, ya que era el día del santo de mi abuela, el de mi hermana Mely, el cumpleaños de mi hermano Rafael y, además, al día siguiente, el 17 de julio, era el mío, por lo que adelantaba la celebración un día.

—Pues yo —me contestó Alberto— también cumplo años el día de la Virgen del Carmen y es el día de mi mujer. También es mi aniversario de boda y, además, el día de mi nieta.

En fin, yo pensaba que tenía el récord y no es así. Él me superaba. Restaurante Antonio es de mucha calidad y es difícil encontrar mesa, hay que reservar. Alberto conoce bien al dueño.

—A Carmen —me dice Alberto— le encanta hablar con Trini.

—A mí me encanta hablar con Carmen —le contesto.

Antes de irnos a comer dimos una vuelta por Barbate.

¡Ah!, tenemos este año un Mercadona. Ayer lo visité; es muy grande, está muy cerca del paseo marítimo y tiene un estupendo aparcamiento. Según se me dice, da trabajo a sesenta personas. «Bueno —pienso yo—, también hará cerrar mucho pequeño comercio con más número de familias en paro».

Frente al puerto había un bar-museo del atún. Lo veo cerrado. Pregunto en la tienda de al lado.

—¿A qué hora abren? ¿O es que lo han cerrado?
—Lo han cerrado para siempre —me contestan.

En esta tienda me regalan la *Guía comarcal de Barbate* de 2011. Aparte de los anuncios, esta guía es en su contenido el periódico *El Independiente de Barbate*, de fecha 18 de mayo de 1930, y lo guardo como recuerdo.

Frente al puerto han reubicado el mercadillo de los jueves. Doy una vuelta. Un señor pregona:

—¡Señoras! —dice con voz clara y alegre—. Tengo cortinas de patilla, tengo visillos, tengo manteles, tengo servilletas… —Y prosigue—. ¡Los precios son de cachondeo! ¡Tengo sábanas y colchas a juego, fundas de almohada! ¡Señoras, pasen y vean!

17. Los mosquitos y el levante

Anoche fui con Trini a cenar a El Atún Rojo, en segunda línea de playa. Me lo recomendó mi compañero Rafael Vital, perito agrícola como yo, y el sitio me gustó. Buena calidad y precio económico. Con Rafael Vital estuve en una boda el pasado sábado y me dijo:

—Ya llevo doce años en Herogra. Me acuerdo, José Luis, de que el día que firmé con Herogra fue el día que Beckham firmó por el Real Madrid y además recuerdo que estuvimos los dos comiendo juntos. El tiempo pasa de forma rápida.

—Sí —le dije—, dos estrellas firmaron el mismo día.

El pensamiento se me corta. Trini me dijo:

—Mañana habrá levante.

—¿Por qué lo sabes? —le pregunté.

—Los mosquitos andan revueltos —me contestó—. Los mosquitos vienen con el levante, que es un viento cálido. Mientras hay levante hay mosquitos. Con el poniente, como es viento frío, no hay mosquitos.

Yo me callé; ella sabe de mosquitos más que yo. Sabe más que yo de todo. Yo no sé nada, creo que nunca sabré nada.

Al poco, ya sentados en la terraza de El Atún Rojo, empezó el acoso mosquitero. Un mosquito gigantesco y cabrón voló en vertical y acelerando hacía mí, como los cazas de aviación en la Segunda Guerra Mundial, a toda velocidad. Pasó casi rozando la mesa y clavó su terrible aguijón en el zapato, traspasó la piel del zapato, el calcetín y casi mi pie. Increíble pero cierto. Me dolió tremendamente.

Fue el inicio del asalto. Estos suelen durar veinte minutos y son previos al levante. Me picaban por todos lados: brazos, cara, uno casi me deja tuerto, también en los dedos. Me estaban asaeteando. Fue el ataque de mosquitos más espeluznante que he tenido en mi vida. No pensaba jamás verme en esta situación. Los mosquitos y yo siempre hemos vivido vidas separadas, incluso respetándonos espacios.

—Creo —le dije a Trini— que como he estado diez minutos en la playa (y me parecieron largos) y me puse fotoprotector, embadurnando mi precioso cuerpo, y lo compré en una farmacia por veinticinco euros, pues seguro que el mismo es apetitoso y como quedaron rastros de este en los poros de mi piel lo han olido y han venido a darse un festín, pues a ti, que no usas este, no te han atacado con esa saña.

Me entraron ganas de escribir al fabricante del protector solar para informarle de que puede tener su producto un uso secundario como atrayente de mosquitos y quién sabe si de otros insectos. Lo dejé pendiente. Son cosas que se piensan y no se hacen. Quizá si lo hubiese comunicado sería hoy una fuente de ingresos para el fabricante como negocio complementario del mismo producto. Obviamente, con otro envase.

18. Feria de Barbate 2016

Domingo, 17 de julio de 2016

Hoy es mi cumpleaños. Cumplo muchos. Tenemos previsto salir a cenar Trini y yo.

A las seis de la tarde me he ido a la playa yo solo, solito, solo. El levante sopla, pero muy moderadamente. Levanta de vez en cuando alguna nube de arena fina rasante al suelo, sin furia, y la arena impacta de forma suave sobre mi cuerpo blanco e inmaculado. Lo fino vuela; queda en el suelo la arena gruesa, gorda y amarilla. Vuela lo fino y seco y queda también la arena mojada. La playa está limpia y clara, está elegante y sugestiva. Está inolvidable.

Es el primer baño y estoy encantado. Tengo con el levantito la justificación clara y rotunda, magnífica, para no mojarme. Tengo cremas que Trini ha pulverizado sobre la blancura de mi cuerpo infinito.

Camino un poquito y extiendo la toalla grande y verde. Me tiendo en decúbito supino, es decir, mirando al cielo. Decúbito prono sería boca abajo. Al tenderme noto que mi cabeza no da en la arena. De tantos años de estar sentado en mi despacho, mi columna vertebral está arqueada. Al poco tiempo, con el enorme peso de mi cabeza y algún esfuerzo, logro que la cabeza se apoye en el suelo y entiendo que la columna se me ha enderezado.

La arena mojada, gruesa y amarilla refulge como el oro con el sol del atardecer. Me siento cómodo. El sol a esta hora no tiene fuerza abrasadora. Calienta, pero no quema.

Llegamos el pasado viernes a mediodía. No me quiero perder, siempre que es posible, las fiestas de Barbate en honor a la Virgen del Carmen. Hay ahora poco personal en la playa. El sonido del mar no es de olas que vienen y van; es un sonido continuado, como un motor, sin vaivenes, y el agua de la mar, un poco encrespada, con los rayos de sol toma color plata. Oro y plata, arena y agua. Viento de levante, muy moderado, limpia calles y mentes.

El maravilloso arco de la inmensa playa barbateña está roto en su mitad por el puerto. Si no fuese por el mismo, la playa sería colosal. Ya lo es ahora y es parte de esta.

He tenido con el cumpleaños varias llamadas y diversos wasaps, incluso una felicitación de Estados Unidos. Los amigos americanos son muy atentos y cumplidos, tanto Jack como Ruth.

Observo a los paseantes; por lo general, en parejas de hombre y mujer, caminando cogiditos de la mano. Muchos mayores parecen preñados y preñadas, pero no de nuevos vástagos, sino de grasas. Lógicamente, yo no me miro a mí mismo, mejor no.

Este año, la feria de Barbate es en la nueva Lonja Vieja y sus alrededores. Me viene estupendamente, junto al apartamento. Las ferias es bueno que estén incrustadas dentro de la población y no ponerlas lejos de la misma. Si la feria de Sevilla se quitara de Los Remedios y se pusiera a varios kilómetros sería un error colosal. Las ferias son del pueblo y han de estar en el pueblo, aunque sé bien que esto no es posible en muchos casos por falta de espacio. Pero hay que buscar espacios o no quitarlos y dejar las ferias en el centro.

Paseamos por la noche en la feria. Leo en un puesto: «PATATAS CHARI: Gusanitos, pajitas, conos, palomitas dulces, cortezas, ruedas y revueltos». ¡Qué barbaridad, esta señora tiene de todo! Patatas chip y patatas fritas en paquetes pequeños y en paquetes grandes, patatas asadas con guarnición… Tiene hasta «bocapizzas» y perritos. Al lado está la Hamburguesería Jonathan, que también es baguetería; y al lado otro *burger*, el Burger Anabel. Esto de baguetería siempre me ha sonado mal.

Es una pena que el levante esté desluciendo las fiestas; sobre todo, lo siento mucho por los feriantes. Deberían tener un seguro para el caso de que sople el levante. En fin, no sé.

El viento golpea los toldos. Algunas bombillas de la feria pierden su posición vertical con el levante y se ponen horizontales, queriendo volar.

Cuando llegamos al bloque no se puede abrir la cancela. La explicación es sencilla: no es mi bloque, es otro de al lado. Esto después de una larga meditación.

En definitiva, hoy es un día bonito. He escuchado el viento sin altavoces, al natural, en versión directa; he visto arena dorada y olas plateadas; he sentido las caricias suaves de la arena sobre mi piel; no he tenido que bañarme; se me ha enderezado la columna vertebral; he visto y me he alegrado en la feria, en un sitio junto a la vivienda. Me he sentido vivo, aunque me costó trabajo levantarme del suelo. Los años son demoledores. Te queremos, Barbate.

19. Cumpleaños 2017

20 de julio de 2017

El día 17, mi cumpleaños, Trini ha reservado mesa en Venta El Toro, en la pedanía de Santa Lucía. Una mesa para comer patatas fritas con huevo. Cumplo 73 años.

Cuando llego, me llevo una grata sorpresa: allí están mis hijos, José, Eva y David; los tres con sus medias naranjas y todos mis nietos, cinco nietas y dos nietos. Me llevo una gratísima sorpresa, no sabía nada. Se han desplazado hoy para esta reunión. Tengo una familia maravillosa.

Me han hecho regalitos. Mi hijo José, por ejemplo, un libro, *Sapiens. De animales a dioses*, de Yuvay Noat Harari, interesantísimo. El libro me enganchó. Después he comprado yo otro del mismo autor, que es un poco continuación de este, que salió posteriormente.

Ayer, miércoles, fui a Benalup-Casas Viejas. Fui solo. Tardé en encontrar el centro de visitantes de las tragedias de 1933. Estuve hace muchos años en Casas Viejas, viendo una representación teatral del drama. Localicé el sitio, que es donde en su momento estaba la choza de la tragedia. Estaba cerrado. Llamé a un móvil y a los cinco minutos estaban allí para abrirme la puerta.

—¿Conoce usted el tema?

—Sí —contesté—. Creo que bastante bien.

—Seguramente, mejor que yo misma —me respondió la señorita.

—No creo —le dije.

Aprendí que antes la limosna era como el desempleo, pero mucho más pequeña, y que se entregaba todos los días a los que no tenían trabajo. Era una peseta diaria para las personas solteras y 1,5 para casados. En fin, tampoco se trata ahora de escribir sobre esto. La visita me gustó. Es historia que conviene tener presente.

En Benalup está el Museo Provincial de la Prehistoria, que ya lo conocía.

El latifundio es una figura hoy superada. Podemos decir que es una finca grande cuando está mal explotada, pero eso en la práctica actual no ocurre, porque las fincas se explotan al máximo. No conozco ninguna que esté abandonada. Hay fincas que por sus características son poco productivas, pero eso es otro tema.

Hoy he ido al mercado. Quería carne de retinto, que tiene un sabor impresionante. Lo que hay en Cádiz no lo hay en ninguna otra parte del mundo.

Recojo la impresión de que Barbate está mejorando con lentitud, pero con seguridad. Quizá demasiado lento en un mundo rápido. Pienso que lo que ocurre es que el Ayuntamiento tiene pocos recursos económicos, pocos ingresos. Supongo que es el problema principal.

20. Bendito viento de levante

14 de agosto de 2017

Tengo muchas ganas de escribir algo así como una oda al viento barbateño. ¡Bendito levante!

¡Oh, viento! ¡Viento de levante! Levantazo maravilloso. Lamentablemente, has sido breve. ¡Eres magnífico, viento! Creas relaciones familiares intensas al no poder salir el personal de casa. Incluso seguro que has dejado a muchas mujeres embarazadas al estar con sus maridos solas en casa. ¡Has procreado, amigo viento! Dejas las playas vacías y aprovechas para limpiarlas a tope sin máquinas ni artilugios, con menor costo.

El sábado estuvimos en Los Seis Grifos, que se habían protegido ante ti. Allí pedimos un calamar de potera a la plancha que quita el hipo. Estábamos a mediodía en la plaza, rodeado de toldos de dos metros de altura y, para protegernos del sol, pues parasoles bien anclados, parasoles antivientos. Los toldos laterales con ventanas de plástico transparentes.

El ruido trepidante de los toldos azotados por el levante, al ser zarandeados fuertemente por el mismo de forma incansable, producía sonidos que hablan y no se les entiende, pero seguro que quieren decir algo. Yo disfrutaba, Trini callaba y unos vecinos de mesa, pareja con dos hijos, salieron pitando antes de pedir nada.

—¡Es terrible! —dijeron.

—¡Es maravilloso! —les contesté.

Sí, es maravilloso que la naturaleza se manifieste de esta forma, es un disfrute auditivo que ensordece. Ruido trepidante, ¡¡magnífico!!

Aquí los vasos deben ser de plomo para que no vuelen con el levante. Aunque son los vasos pesados, le di a uno sin querer, lo tiré de la mesa y competí con el levante en aquella atmósfera controlada.

Portazos de puertas y ventanas sin que haya mal genio, solo viento poderoso.

Barre el viento las calles. Viento que hace volar las ideas, viento que refresca las mentes, que deja desiertas las calles. ¡Corre su majestad el levante!, el rey de los vientos siendo un viento local, un bien nuestro, un viento barbateño, con denominación de origen con el tiempo.

Se forma, dicen, en el mar de Alborán y se marcha al Atlántico. Es un viento de la zona, de estos lares, no es exportable. Es un viento entre andaluz y africano, es un viento muy nuestro. No es un viento frío ni gélido.

Es estupendo para deportes playeros. Quizá en Tarifa se puede practicar el mejor *surfing* de España.

Además, ¡oh, levante!, produces energía eléctrica ecológica, sostenible y económica; energía eléctrica cuya generación no es contaminante en los modernos molinos gigantes, sin quijotes por el momento.

El viento se produce por las fuertes corrientes que se generan en el Estrecho, por efecto Venturi. Al estrecharse el lugar por donde tiene que salir el agua o entrar, aumenta la velocidad de esta, que arrastra en determinadas condiciones al viento.

En la noche del sábado el levante, lamentablemente, se ha calmado. Nos fuimos a la terraza del bloque a ver si veíamos las perseidas. Estuvimos un buen rato y no vimos nada aunque se anunciaba mucho y muchos mirábamos el cielo. No había luna. Ver el ciclo infinito te hace pensar lo pequeñitos que somos, perdidos en el cosmos. Aquí somos ya casi 6.000 millones de bichitos humanos más o menos inteligentes y dicen que para 2050 seremos en este mundo 9.000 millones. ¡Qué barbaridad! ¡Cuántos bichitos humanos estamos poblando la Tierra! ¡Somos una plaga!

¡Bendito levante!, que levantas faldas. Eres atrevido en ello y te lo agradecemos. Eres maravilloso por ello. ¡Qué pena los puñeteros pantalones! Ya en el apartamento, el techo de plástico del patio interior lo zarandeas con muchísima fuerza, incluso te atreves a romper algún cristal, que se alivia poniendo cristales irrompibles y desafiando tu iniciativa.

Se te mide como a los coches, en kilómetros por hora, pero no hay quien te multe, amigo levante, por exceso de velocidad ni quien te quite puntos. No hay quien se atreva contigo.

Puedes ser variado en tus versiones de levantito, levante y levantazo. Como te quedes en la playa con levante, la arena te aguijonea el cuerpo; realmente, es un masaje fuerte y gratis y la arena se incrusta en la piel aportando silicio. Sin embargo, amigo levante, cuando te mueves nadie baja a la playa a tomar el sol. No te comprenden.

Decían que cuando el viento sopla los locos en los antiguos manicomios se ponían belicosos. Ya creo que no hay manicomios, aunque sí cada vez más locos sueltos. Es un viento que, como rompe cosas, realmente crea puestos de trabajo para su reparación. Hemos de «poner en valor» el viento de levante. No atacarlo, sino ensalzarlo. Entre otras cosas, porque no podemos evitarlo.

Su majestad el viento de levante. Antes se pensaba que había vientos del norte, del sur, del este y del oeste; hoy se ven otros vientos como, por ejemplo, la tramontana o el cierzo, pero como el levante ninguno. El levante es único.

Eolo, el dios del viento, se empleó bien con el levante. El día que lo creó Eolo estaba un poco cabreado y por ello le puso genio al viento.

No colgar platos de cerámica en la pared, no poner macetas colgadas ni macetas en general de poco peso. Yo creo también que el viento se carga las palmeras que nos empeñamos en poner en Barbate. Si no es el viento, pues son las plagas.

Ojo con la cartera y el viento, pues te la quita y, por mucho que corras, es imposible recuperarla. Seguramente, la dejará en Marruecos.

Como el viento es todo un personaje, hay numerosos refranes y dichos populares que están relacionados él:

Mucho vuela el viento, pero más el pensamiento.
Las palabras se las lleva el viento.
Siembra vientos y recoge tempestades.
La belleza sin talento es como la veleta sin viento.

Las palabras vuelan.

El viento invita al recogimiento.

El levantón invita a la meditación (este es mío).

Hagamos en Barbate un monumento al viento. El viento es purificador, el viento hace vibrar los sentidos. Levante, cuando estoy lejos te echo de menos bastante.

¡No reneguemos del magnífico viento! Hablemos de sus ventajas. Cantemos al viento, pongamos en valor al viento, que es una expresión que ahora se utiliza mucho. Hagamos un concurso de poesía al viento de levante, o bien de cuentos breves. Y hablemos, por ejemplo, de amores despertados por el viento.

Eres estupendo, viento de levante. Debes venir más frecuentemente. Con Trini te portas mal; ella es delgadita y la levantas y transportas casi un metro en algunas ocasiones.

—Trini —le dije—, no me digas nada que me moleste, pues te dejo suelta y te vas volando como el periódico, que a mí, aún sin leerlo, me lo ha quitado el levante.

Levante, silbas sin parar. Eres un as.

No soy raro porque me gusta el viento. Los raros son los que no saben apreciarlo ni sentirlo en la piel. Los que no piensan como yo dicen que soy raro. Yo digo que son raros los que no piensan como yo.

Eres un poco travieso. Llevaba unos folletos en la mano, me los arrancaste y los enviaste a Marruecos sin pagar franqueo. Cuando sales todos debemos llevar los bolsillos bien cerrados. Cuando te llevas un bolso es imposible salir detrás de ti para rescatarlo. Cuando tú estás no hay ni un solo perro en la calle, te temen a muerte. Tú eres como yo, un antiperros.

Levante amigo, llenas las cafeterías por no estar el personal en la calle; en definitiva, fomentas el consumo y favoreces la actividad económica. Y en lugar de que el personal esté tirado en la playa, pues está en su casa, haciendo cosas útiles en muchos casos.

Deberías mover atracciones de feria cuando soplas. Las vacas retintas ya te conocen y no se inmutan. A ellas, además, no puedes hacerlas volar. Si no fuera por ti, las terneras y las vacas serían como las de cualquier sitio. Tú, viento, las haces fuertes y les das un sabor impresionante.

En fin, viento amigo, está claro que te tendremos siempre. Y los que decimos que estamos encantados contigo hoy sé que somos unos incomprendidos, pero el tiempo nos dará la razón.

21. La comida anual con amigos de siempre

Juan Pedro Romero de la Lastra. Compañero de la Escuela de Peritos Agrícolas de Sevilla, amigo de siempre. Él tenía un apartamento en Barbate, muy cerca del mío. Vivía separado desde hacía muchos años. Venía a Barbate solo. Se nos fue para siempre en 2017. Era una persona que teniéndola yo cerca me sentía contento. Había comunicación. Sé que en nuestros encuentros, viéndonos y contándonos cosas, lo pasábamos bien y éramos felices. Estaba acostumbrado a verlo todos los años, a desayunar juntos algún que otro día en Casa Rufo e irnos al antiguo bar de Abelardo, que a los dos nos gusta, y tomar una cerveza con una buena tapa, o dos cervezas. Eso aparte de la reunión anual de los compañeros de promoción.

Siempre buen amigo y mejor persona, siempre positivo y de sonrisa agradable, cada vez que voy a casa Abelardo me acuerdo de él impepinablemente. Era el elemento aglutinador de los compañeros de curso, que de alguna forma polarizaba la reunión anual que tenemos desde hace cerca de treinta años, cada vez en un sitio diferente.

Este verano de 2017 lo llamé, como siempre, y no contestaba. Un día se dio de baja en el grupo de WhatsApp. Sabíamos todos que estaba enfermo por comentarios habidos.

Me hablaba de su casa de Portugal, en un bosque aislado, donde ya iba poco por encontrarse demasiado solo. A veces le acompañaba su amiga Rosa, a la que todos apreciamos.

Cuando nos dejó para siempre llamé a nuestros comunes amigos Rafael Calvo y José Luis Cobián.

—Rafael —le dije—, estoy más afectado de lo normal. Me encuentro bastante abatido.

—Lo sé sin que me lo digas —me contestó—. Eras bastante amigo suyo.

Benito Palomino. Compañero de empresa en Cros muchos años. Vive en Jerez. Todos los años nos hemos reunido y comido juntos. Hemos estado él y yo, los dos, sin mujeres, en algún sitio donde hayamos quedado, siempre diferente. O casi siempre.

—José Luis —me dijo el año pasado—, no me encuentro bien. Tomo veinte pastillas diarias, me pasa de todo, he vendido el coche. Ya no nos vamos a ver; no me encuentro bien y esto no tiene arreglo.

Este año lo he llamado:

—Benito —le he dicho—, yo voy a Jerez, donde tú me digas, y nos vemos un rato.

—José Luis, estoy mal, no estoy en condiciones. Me gustaría verte, pero no puedo.

Esperemos que estas reuniones anuales celebradas durante tantos años puedan repetirse alguna vez que otra. Nos hemos visto en Restaurante La Duquesa, en Medina Sidonia. Él vive en Jerez, pero nació en Montellano, según me dijo un día. Otro día me dijo que no tomaba carne de pollo.

—¿Por qué, Benito?
—Pues porque le ponen hormonas en su alimentación y con la carne de pollo noto que me crecen las tetas.

Yo cuando dijo eso me partía de risa.

En 2018 ha fallecido de forma sorpresiva Antonio Sarria Pérez, compañero de ambos, el cual me ha producido otro vacío enorme. Hemos trabajado muchos años juntos. Teníamos previsto vernos con ordenador y escribir anécdotas; se ha ido y no lo hemos hecho. Antonio, tantos viajes juntos, tantos trabajos juntos, tantas horas compartidas.

Alberto Romero Girón. Tiene su apartamento en Atlanterra y acostumbramos a vernos muchos veranos para comer juntos ambos matrimonios y lo pasamos bastante bien. Así, hemos estado en El Campero, también en Restaurante Antonio, en La Sal (Atlanterra)… En fin, en varios sitios. Ahora lo llamo, pero ya (vamos a decirlo así) no quiere salir. Viene poco por Atlanterra, si es que viene, y no se mueve casi nada. Se ha enclaustrado un poco. La edad no perdona.

Carmen Vergara. Tiene un apartamento aquí, en el bloque de al lado. Es viuda, tiene noventa años y no he visto una persona con tanta energía, ganas de vivir y simpatía. Hemos estado comiendo juntos con Trini en La Muela, en Los Cuatro Caminos, hace unos días. El año pasado, el día de su santo organizó una comida para varios amigos, en la que estuvimos y le dediqué unas palabras. Es impresionante la vitalidad que tiene Carmen. Todos los días en Sevilla se pasa las mañanas en un gimnasio.

Aunque Alberto vive, aunque Benito vive, aunque Carmen vive, de alguna forma han dejado de salir (salvo Carmen, que es incombustible, como mi hermana), han dejado de comunicarse, salvo con la familia. Espero que se repongan y volvamos a vernos vivos.

Poco a poco viene la soledad. De jóvenes la vida nos parece eterna, pero de pronto te das cuenta de que eres muy mayor y te queda más bien poco. Pero bueno, las cosas con como son (así lo dice mi nieta María: «Abuelo, las cosas son como son») y, por lo que veo, se mueren todos.

22. Oda al mar de Barbate

¡Oh, mar que te pierdes en el infinito!
Aquí, en este mar, lecho de gran batalla,
que ahora es de embarcaciones breves
que con valentía te surcan.

Mar de miedos y alegrías.
Mar de trabajo y de lucha.
Mar de incertidumbres y angustias.
Mar de esperanzas y sueños.
Mar de Barbate.
Tu mar, de aquí,
del buche del Estrecho.

La bandera de Barbate
tiene tu mar y tu atún transoceánico.
No paras de acariciar la playa
o de atormentarla.
Te desbocas por el Estrecho y arrastras el aire;
a tu lado hasta el sol se aplaca
y la mente se relaja.

Barbate y el mar. El mar y Barbate.
El uno para el otro y el otro para el uno.

El sonido del mar, el murmullo, hablas y hablas
en tu lenguaje intraducible.

Me gustaría cantarte de forma inolvidable,
con versos con la rima del alma.
Eres demasiado grande, mar infinito.
Siempre estás, siempre vives
cuando los demás se han ido.

Mar eterno, siempre lleno.
Ya oscurece y empiezas a cambiar de color.
¡Oh, mar de Barbate! Inolvidable mar local.

23. *La Bella y la Bestia*

31 de marzo de 2019

Hoy es domingo. Esta mañana he estado callejeando por Barbate. He andado 9,8 kilómetros, según indica Runtastic en mi móvil.

Trini y yo hemos ido por la tarde a ver la obra *La Bella y la Bestia*, un musical interpretado por barbateños en el Colegio Bahía de Barbate. La sala estaba a rebosar y nos ha gustado bastante, hemos pasado un buen rato. Para ser personas no profesionales, ha resultado una actuación magnífica. Me ha encandilado de forma especial la Bella por lo bien que canta, por lo bien que habla, por sus movimientos con un excelente encanto. En fin, entiendo que ha sido un rotundo éxito. Era difícil aparcar y dejé el coche algo lejos.

Desde que no trabajo nada duermo bien, la tos se me ha quitado, el dolor de piernas también porque me doy buenos paseos y aburrirme, como algunos preconizaban, no me ocurre ni remotamente.

A Trini le encanta Barbate por su clima, por su tranquilidad. Como el apartamento es pequeño, pues hay poco que trabajar en el mismo. Desde la terraza hemos estado observando esta mañana la bahía un rato, partida por el puerto. A un lado, al nuestro, la playa del Carmen; al otro, la playa de la Yerbabuena. Si el puerto no estuviese en medio, la playa sería colosal. Estando también lo es, pero, lógicamente, más reducida, aunque muy grande.

Leo que el cabo Trafalgar está en el término de Barbate. En definitiva, la batalla de Trafalgar fue la batalla de Barbate y en Londres, en vez de Trafalgar Square, debería estar Barbate Square.

La batalla de Trafalgar la perdimos, pero la historia tampoco es como se cuenta. No fue una victoria tan sencilla para los ingleses aunque estos la hayan maximizado. El almirante Nelson murió en los primeros compases de la batalla. En fin, esta batalla era dada por los franceses, comandada por ellos, y nosotros apoyábamos con personal y barcos. El responsable de la batalla por nuestra parte era un francés, no español. De todas formas, esta derrota significó el declive marítimo total español y francés, que ya antes de la batalla estaban bastante mal, y fue el punto de inflexión para la subida de Inglaterra. Malos años para España.

Actos como el teatro de hoy son muy interesantes. Después, como cosa curiosa, algunos de aquí, de Barbate, me han dicho que nos vieron en el teatro, que estaba lleno, pero casi todo de residentes en la localidad y en muchos casos padres de alumnos. Buena memoria que me impresiona.

24. Ha fallecido don José Manuel Durán Gallardo

1 de abril de 2019

Quería ir el domingo pasado, pero no había mesa. El martes cierran y reservé para hoy, lunes.

Suelo ir de vez en cuando a la Venta El Toro, en el poblado de Santa Lucía (quizá un par de veces al año o tres), a comer huevos fritos con patatas. Les digo que les añadan aros de cebolla como suplemento y a veces, cuando me encuentro fuerte, un poco de jamón. Los huevos fritos con patatas son un manjar para mí de categoría. Lo prefiero a muchas cosas y allí son especialistas. Santa Lucía es una aldea de Vejer, creo que situada a dos kilómetros. La Venta El Toro está abierta desde 1945.

Santa Lucía es muy pequeña, con pocas casas. Estaciono en el aparcamiento vigilado que hay junto a las ruinas de un molino árabe. Son tres euros. Te dan tu tique. Hay un letrero diciendo que el aparcamiento es legal y que lo que sobre de la explotación de este va a cuidados del poblado.

Al entrar en la Venta El Toro saludo al dueño, señor Antonio, en silla de ruedas. Ahora la venta la lleva un sobrino, la tercera generación. Antonio es muy expresivo y le pregunto:

—¿Se acuerda de mí, Antonio?

—Claro que sí —me contesta—. Usted es de Antequera y viene mucho por Barbate.

Antonio tiene una memoria prodigiosa y es capaz de retener datos e imágenes de cada uno de sus clientes, aunque vayan poco, y te cuenta cosas de muchos años atrás.

—Le tengo que dar una mala noticia, que sé que a usted le va a disgustar mucho, pero entiendo que es mi deber decírselo. Don José Manuel Durán Gallardo ha fallecido.

Pues sí, me quedo de piedra, un tanto paralizado. No me lo esperaba ni remotamente, no tenía la menor noticia.

—¿Cuándo ha ocurrido el fallecimiento, Antonio? —le pregunté.
—Hace seis o siete días lo leí en el periódico.

No sé más, tampoco sabe mucho más Antonio. Parece ser que estaba en un hospital de Jerez. Se me hace difícil asimilar la noticia. Siempre lo he visto activo, dinámico, voy a decir joven. No sé los años que tendría. No llegaría a los ochenta supongo.

Don José Manuel Durán Gallardo, almacenista de abonos de toda la vida en Vejer. Hace años que no tenía contacto con él, pero es lo mismo. Son amigos que se tienen siempre. Era un cliente clásico de Amoniaco Español S.A., fabricante ubicado en Málaga de la Esso Standard, donde yo trabajaba. Después esta empresa fue vendida a S. A. Cros, donde seguí trabajando. Era un cliente de los antiguos, de los que estuvieron en la inauguración de la fábrica, que hoy ya no existe, hace algo más de cincuenta años.

En Amoniaco Español y después en Cros era una institución. Cumplía a rajatabla sus compromisos. Lo que se comprometía lo hacía, sin lugar a duda. Puntual en sus pagos, incluso pagaba muchas veces al contado.

Las conversaciones con el mismo eran muy largas y con mucha filosofía encerrada. En Navidades siempre me enviaba un pequeño detalle duradero que aún conservo.

Cuando compré el apartamento en Barbate, él fue quien me enseñó la zona con cierto detalle. Él tenía un piso en El Palmar, que es la playa de Vejer, como buen vejeriego que es.

Con José Manuel estuvimos en más de una ocasión en Casa Pinto, en La Barca de Vejer, donde era cliente asiduo. Un sitio estupendo, un restaurante magnífico. Por supuesto, me llevó al Santuario de la Virgen de la Oliva, que, según tengo entendido, aunque está en el término de Barbate, es la patrona de Vejer.

Son amistades que, aunque lleves años sin tener trato, siempre las tienes. Yo lo vi en un simposio de sanidad vegetal en Sevilla hace cinco o seis años y nos saludamos efusivamente. Dicho evento fue en Hotel Los Lebreros.

Estuve un par de veces en su finca, El Jardinillo, una de ellas con mis hijos y Trini. En esa ocasión era para herrar las reses, operación anual con las nuevas crías, y ese mismo día corrieron algunas vaquillas.

Criaba ganado caballar de alta gama y ganado vacuno retinto, del que era defensor a ultranza. Por criarse en libertad, por los vientos y por la alimentación la carne de las vacas retintas es de una calidad excepcional.

Él fue de los iniciadores de los abonos líquidos cuando estos eran totalmente desconocidos. Hizo una buena labor de divulgación.

La vida es así. Se nos ha ido un gran caballero, un buen vejeriego, un empresario estupendo. Descansa en paz, José Manuel. En lo que me quede de vida no te olvidaré.

25. Conversación con el guardacoches de Santa Lucía

1 de abril de 2019

Esto es más o menos lo que me ha comentado y yo he entendido:

—Yo soy de este lugar, mi padre también, mi abuelo también. Antes no sé. Tengo algo más de sesenta años. De los cinco o seis molinos árabes que tenemos, este de aquí, que está junto al aparcamiento, es del que quedan más restos. De los demás hay menos restos.

Es curioso que el nacimiento de agua esté precisamente en alto, en lo más alto del término, en el poblado de La Muela. Al bajar el agua por la ladera hacía que fuese una zona muy importante para molinos hidráulicos en tiempo de los árabes.

—Este, junto al aparcamiento, lo recuerdo yo de cuando era niño. El agua no iba por donde va ahora, sino que entraba por encima de la torre. Esa torre que ve usted está hueca y por ahí caía el agua a plomo, moviendo las ruedas que había abajo. Yo estuve en Cazorla —prosigue el señor— no hace mucho. Estuve un fin de semana. Y allí hay varios molinos restaurados, tal como estaban siglos atrás, y es un atractivo turístico importante.

En fin, es curioso lo de los molinos. Es un tema histórico, de muchos siglos, que también tiene Antequera y que convendría restaurar antes de que terminen de perderse.

Hay en Santa Lucía un restaurante muy renombrado, La Castillería. Tiene fama de estupendas carnes de retinto y es muy bonito y acogedor. Lo he visitado hoy. No he podido venir a comer; cuando he llamado para reserva, siempre ha estado todo completo.

En Santa Lucía hay un tercer lugar de alta fama. El dueño lo dejó tras veinticinco años. Supongo que se jubiló y lo arrendó. El arrendatario ha tenido el negocio un año abierto, pero lo ha cerrado.

Santa Lucía, un sitio escondido, pequeño, bonito y acogedor.

26. San Ambrosio de Barbate

Miércoles, 3 de abril de 2019

Voy al puerto de Barbate con Trini para visitar el Centro de Interpretación del Atún. Hace años lo visité y me gustó; quería repetir en este tiempo. Además, había un barco para visitar la almadraba y otras rutas turísticas; un barco muy bonito, de pesca, adaptado para este fin.

El centro está cerrado y tiene un cartel, solo en español, con un número de teléfono móvil para hacer visitas concertadas, ya no sé si individuales o en grupos. La fachada es de hierro pintado en blanco. La pintura no es adecuada para ambientes marinos, en los que debe ser aproximadamente de quinientas micras de espesor y dando limpieza al chorro de arena previo hasta dejarlo en metal blanco. La pintura actual, en parte, está medio caída, dando un mal aspecto externo.

Creo que el Centro de Interpretación del Atún debería estar en otro sitio, en otra ubicación, dentro del casco urbano de Barbate. Un sitio más accesible, donde recibiera visitantes, y no tan apartado y fuera de los circuitos. Donde está no es un sitio adecuado y no se obtiene el resultado potencial que supone.

Hay un restaurante dentro del puerto, El Capitán, pero lo veo cerrado. Supongo que es por vacaciones, no lo sé. Me dicen que es bueno. No he estado nunca en el mismo. Iré seguramente este verano.

Hoy, de turismo, me voy directamente a las ruinas de la ermita de San Ambrosio, la cual fue construida en el año 644. Es una antigüedad como pocas en España. Me pierdo en el Parque Natural de las Breñas, lleno de pinos. No encuentro la ermita, no la veo en Google Maps, sí el Camino de San Ambrosio. Allí pregunto y me lo explican, pero no encuentro las ruinas. Nos metemos en el término municipal de Vejer, ando un poco y me doy la vuelta. Sé que está cerca, pero ¿dónde está? ¿No hay ningún mal cartel en el término de Barbate? Pregunto a tres o cuatro bellas señoritas que pasean juntas y que son extranjeras y me dan unas indicaciones que no son las correctas. Ando para nada, veo que no es donde me han dicho y doy la vuelta. Supongo que por ignorancia me han dado una localización incorrecta y no por mala fe. Empiezo a desesperarme, estoy perdiendo mucho tiempo. Vuelvo a preguntar. Me dicen que he pasado al lado de ellas y me vuelvo. ¿Encontraré a San Ambrosio?

San Ambrosio era italiano, nació en el año 340 y murió en el 397 en Milán. Fue obispo y muy respetado. Fue el primero en dejar claro que la Iglesia estaba por encima de cualquier estado en aquellos entonces. Además, tenía una hermana, también santa. San Ambrosio, además, era muy amigo de San Jerónimo y de San Agustín. En fin, fue un personaje y un estupendo orador.

Pues eso está muy bien, pero no encuentro su ermita. ¿Tan torpe soy? Finalmente se me dice que no se ve desde la carretera, que está detrás de unos árboles; total, que al final llego de casualidad, porque tienes que dejar el coche en la carretera e ir andando. Localizo la ermita un poco por casualidad, ya que paré a hacer pis y me pareció ver algo detrás de los árboles. La señalización hoy día no existe. Me hubiese frustrado de no encontrarla; le he dedicado tiempo y todo mi esfuerzo. No comprendo cómo está sin señalizar. No hay un mal cartel, está abandonada, asilvestrada, con hierba por doquier. Hace años estuve y tenía una valla metálica. Ahora la valla han debido de robarla; solo quedan algunos pies derechos, pero no la tela. En fin, un abandono total de unos restos constructivos de hace 1.400 años aproximadamente, que son muchos años, y me dio mucha pena.

La ermita, en aquellos tiempos basílica, fue mandada construir por el obispo de lo que hoy es Medina Sidonia mucho antes de la invasión árabe, en la época de los visigodos, en el espacio de tiempo que podemos llamar de la caída del Imperio romano, en la invasión de los que llamamos bárbaros (que no eran bárbaros; mejor llamarlos visigodos, es decir, alemanes). También en aquellas fechas vinieron de otros sitios los bizantinos, vándalos y suevos, pero mandaban los visigodos, que llegaron desde Francia, de donde fueron expulsados. No tuvieron que conquistar nada; realmente, tomaron el poder sin resistencia alguna, pues estaba España sin estructura organizativa tras la caída del Imperio romano, que tanto de bueno aportó a España.

Hay muy pocos restos visigodos en España, pocas cosas visigodas. Por ello tiene San Ambrosio de Barbate mucha importancia, sin duda. Es hora de invertir allí y de ponerla en valor antes de que termine de perderse. A los pies de San Ambrosio corre el agua, ello explica que esté allí. Los árabes no fueron por allí, se concentraron en otros puntos, quedando abandonada. Otra ermita de los visigodos era la de San Paulino, después transformada en iglesia, y el tercer sitio era el Santuario de la Oliva, que ha tenido varias transformaciones. A los visigodos, como a Trini y a mí, les gustaba Barbate.

Pasamos de nuevo por el puerto. Quería ver o visitar para recabar información la oficina del Centro de Información del Parque Natural de las Breñas de Barbate. Era hora de oficina, pero estaba cerrado ese día. No estaba en el calendario como abierto. No tiene sentido que estén dentro del puerto, en un sitio alejado de la entrada normal del puerto. Lo suyo es que estén dentro de la localidad de Barbate, en un sitio accesible y con aparcamiento. Después he vuelto en este mes de julio. Una encantadora señorita, muy preparada, me ha informado ampliamente. Sí he de indicar que ninguno de los tres ordenadores con placa táctil del centro informativo funcionaba. Compré el libro del Parque Natural, que lo tengo para leer cuando termine este pequeño libro.

Me paro en el Bar La Bocana del Puerto, muy cerca de la entrada principal, y nos atiende el dueño, que me parece y es, sin duda, un muy buen profesional. Muy amable, por cierto. Pedimos una cerveza con tapa de ensaladilla de huevas estupenda, magnífica. Trini se animó y pidió después una copa de vino y yo otra caña más y de tapa pedimos tortilla de camarones. La tortilla está exquisita. No está hecha con harina de garbanzos, sino con harina de trigo. Se nos explica que con la harina de garbanzos queda más áspera. Además, yo pensaba que tenía, como todas las tortillas, huevo. Pues bien, la de camarones bien hecha es sin huevo aunque parezca que lo tiene. Trini me explica que si se le pone huevo «se infla» y ella sabe que no tiene huevo porque es finita, poco aceitosa y con bastantes camarones. En fin, estupenda. Buen invento.

Cerca hay un edificio bonito de apartamentos que, por lo visto, han salido a subasta y se han vendido todos. Delante de dicho bloque hay una explanada, entre el bloque antes mencionado y la carretera, con máquinas excavadoras. Pregunto y se me dice que van a hacer un hotel con 240 habitaciones. Esto me alegra mucho. El sitio es muy bueno y dará mucha vida a Barbate. Dará trabajo, vendrán más turistas y se activará un poco la economía.

Aparco cerca del apartamento, no sin maniobras varias. Tengo el sitio muy justo y cada día estoy más torpe, que ya es decir. Quedo algo separado del bordillo, pero, en fin, aceptablemente. Me duele un poco la cabeza. Me dice Trini que es porque va a cambiar el tiempo, no lo sé. Por lo visto, los sensores climatológicos que tiene mi cuerpo serrano funcionan perfectamente.

Buenas tardes.

27. El Castillito de Barbate

4 de abril de 2019

No me refiero al castillo de Barbate, que ya no existe y que estaba en la desembocadura del río. Se hizo, creo que en el siglo XV, para proteger el puerto de los ataques de los piratas por iniciativa del duque de Medina Sidonia y sobre las ruinas de una fortaleza árabe. Hoy no queda absolutamente nada. Se dice que estaba en el sitio donde hay un búnker de la Guerra Civil.

No obstante, he leído en un periódico de Cádiz hace unos días que un estudio efectuado por la Universidad de Cádiz con modernas tecnologías, sin hacer catas, sino con dispositivos externos y rayos, ha detectado y delimitado perfectamente los cimientos de aquel castillo, que se abandonó cuando ya no había piratas y cuyos materiales constructivos habrán ido a parar a otras construcciones de los habitantes de Barbate, como ocurre en muchas poblaciones con los elementos que se abandonan.

Lo ideal sería construir de nuevo el castillo o lo que se pueda. En caso de que no haya planos, al menos elevar los cimientos por encima del suelo y crear un espacio turístico. Claro, para todo esto hace falta dinero, pero antes que el dinero lo que hacen falta son proyectos y presupuestos. El dinero se busca después, más tarde o más temprano. La vida es ejecución de proyectos; primero hay que tener los proyectos claros, escritos y presupuestados. Lo tengo muy claro. Así he obrado muchos años en mi vida profesional.

El puerto estaba en el río Barbate. La Barca de Vejer era un puerto igualmente, un puerto interior de mucha importancia. Toda esta grandeza de su momento habría que volver a restablecerla desde el punto de vista cultural e histórico y tener por uso, por ejemplo, fines deportivos.

Pero yo no me refiero en este capítulo al castillo-guarda. Me refiero ahora a El Castillito, tienda de desavío, muy cerca a del Restaurante El Chinar. Es un pequeño edificio que se asemeja a un pequeño castillo y quizá su origen en algo estuviese inspirado por el Castillo de Santiago, como se llamaba el castillo del río.

El Castillito está abierto todos los días, sábados y domingos inclusive, haga frío o calor, desde las siete de la mañana a las once de la noche. Esto no es un día, sino todo el año. Siempre El Castillito en el mismo sitio y el tiempo pasa para todos, menos para las señoritas Manoli y Maribel, siempre con una sonrisa y siempre agradables e igual de jóvenes. Jamás en tan poco espacio vi tanta diversidad de cosas. Tienen de todo lo que puede hacer falta en una casa. Se venga a la hora que se venga a Barbate, para cualquier cosa que te falte irás a El Castillito.

Es la profesionalidad, la constancia, el amor al trabajo, la fuerza de la voluntad, el sacrificio de todos los días, día tras día, sin vacaciones y año tras año. Siempre en su puesto de trabajo, siempre pendientes. Muchas veces está lleno de compradores, lo cual es fácil, pues se llena con dos o tres personas; y otras, vacío. Pero ellas son siempre atentas.

Creo que habría que darles la medalla al mérito del trabajo, lo tienen bien ganado. Y, por supuesto, algún premio del Ayuntamiento, que supongo que entregará el Día de Andalucía. Mérito tiene.

A mí me gusta ir a comprar. Siempre las veo tan arregladas y diligentes que es una alegría visual, muy diferente a cuando vas a un sitio y te encuentras caras largas y desabridas. Aquí no; en El Castillito hay sencillamente una cosa que es fundamental: amabilidad.

Me gusta ir a las tiendas locales, al pequeño comercio, más que a las grandes superficies. Se habla con personas y no nos limitamos a coger cosas de estantes y pasar por caja.

28. Restaurante El Campero

4 de abril de 2019

Es la mañana del día reseñado. Me voy a dar una vuelta y conocer un paseo estupendo que hay construido junto al río, con vallas de madera, y también dentro del circuito. Al lado, un carril bici. Me llevo una gran alegría al visitar este paseo, que nace frente a la plaza de los Seis Grifos.

Cuando se puso el agua potable en Barbate no se hizo en todas las casas, sino inicialmente en las más pudientes. Para todos los demás se hicieron fuentes públicas. La más importante, con mucho, era la de la plaza de los Seis Grifos, con seis puntos donde cargar el agua.

El paseo construido llega hasta el puente de la carretera que va de Barbate a Zahara. No sé cuánto hay, supongo que 1,5 kilómetros. El paseo es muy agradable; el firme es de madera en aquellos puntos donde debajo hay mal firme o fango. Me da mucha alegría esta mejora. Sería estupendo que pudiese llegar a la misma desembocadura. Supongo que hay obstáculos de propiedades privadas que lo hacen imposible, no lo sé. Tendría que llegar hasta La Chanca y atravesar por el otro extremo la carretera, por debajo del puente, y seguir viendo lo positivo. Lo hecho es estupendo.

Sugiero que en las explanadas que hay junto al río no sé dé permiso para construir y que poco a poco se puedan comprar las naves allí existentes y dejar aquella zona despejada, como parque y como gran aparcamiento. Habilitar grandes aparcamientos en poblaciones costeras es más que esencial, es fundamental.

A las dos tenemos hora en El Campero. Vienen mi cuñado José Pineda y mi hermana desde San Pedro Alcántara. Él está «averiado»; desde el coche lo trasvasamos a una silla de ruedas. Tenía ilusión de visitar El Campero. Es un buen *gourmet*, sin duda.

Acuerdo con Trini no preguntar nada de su salud. Le abren una puerta diferente que tiene El Campero, más amplia, para que pueda entrar fácilmente con la silla de ruedas. Se nos da una mesa muy cómoda. Lo hemos pasado estupendamente porque hay mucha calidad en todos sus aspectos. Hay calidad en las atenciones del personal. Yo recalco muy especialmente a la señorita Mara, que se encarga de recibir llamadas, hacer las reservas y dar la bienvenida. Hay calidad en las instalaciones, hay calidad en el menaje y, sobre todo, hay calidad en la buena mesa, pero no únicamente en la misma. La calidad no es un factor, es un conjunto homogéneo de características.

De retorno, mi hermana me pone un wasap que dice: «He tomado hoy el mejor atún de mi vida». Mi hermana me escribe también que su marido le ha dicho que «es un arrebato de sabores». Yo, mientras lo saboreaba, indiqué que era un «trozo de cielo». No se trata de comer, sino de sentir los sentidos en activo. El gusto sobre todo, pero ni mucho menos solamente.

Mi cuñado, al que tenía enfrente, aprecia mucho la calidad en la comida (no la cantidad, sino la calidad) y durante la misma expresaba su satisfacción, aparte de la buena bodega que tiene El Campero. «No creo —pensé yo— que los dioses coman mejor. Es la cúspide de la gastronomía».

Barbate, la capital del atún, bien merece restaurantes de calidad y El Campero ya es una marca referencial. Se desplaza mucho personal, que hace muchos kilómetros por ir a comer a El Campero.

En la comida he aprendido también cosas. Mi hermana y mi cuñado me han dado un máster sobre las anémonas. Yo pensaba que las ortiguillas de mar eran más bien algas pequeñitas sobre rocas bañadas por el mar y son anémonas (es decir, del reino animal) que se sujetan por un extremo a una roca. Son seres muy finos, como los hilos, que hay que recoger uno a uno. Bueno, pues las ortiguillas, es decir, las anémonas de la costa de Cádiz, son deliciosas y las de El Campero son especialmente exquisitas.

Pepín y mi hermana María Teresa son muy marineros de siempre y muy puestos en estos asuntos y me dan otro baño cultural hablando de la *Artemia franciscana* (es decir, los camarones) y otras especies marinas.

En un folleto donde se reseña el nombre de cada parte del atún rojo salvaje se habla también del «susurro de los atunes» y prosigue el folleto hablando del secreto de los peces sin frontera, como es el atún. Curioso: peces sin frontera, navegando por medio mundo sin pasar por aduana, sin papeles y sin pasaporte.

Si mi madre viviese y hubiese estado aquí hoy, habría dicho, sin duda, la siguiente frase, que era habitual en ella cuando alguna comida le gustaba mucho: «Esto hace revivir a un muerto».

¡Ah, paladares de cielo en El Campero! Yo, sinceramente, no creo que en el cielo se pueda comer mejor. Esto no es propaganda, es simplemente sentimiento.

29. Noche de abril

6 de abril de 2019

—José —me dice Trini—. Ven, ven, mira. Mira la bonita vista de esta noche. Se ven muchas luces en el puerto y otras muchas en los barcos.

Miro y veo focos en líneas paralelas de las farolas portuarias. Son como soles con rayos irradiantes, unos blancos y otros anaranjados. Es preciosa la vista.

Durante el día, y también a menudo durante la noche, desde la ventana Trini se pone a contemplar el paseo marítimo y, si es de día, el mar y se pasa un rato ensimismada, sin dejar de contemplarlo.

—¡Cuánto me gusta Barbate! —me reitera—. Aquí soy feliz. Ahora, ya jubilados, pasaremos largas temporadas aquí.

—Sí —le contesto—. Aquí notas y vives cada minuto, notas cómo pasan los minutos, se valora la quietud, descansa el espíritu y vives más contigo mismo.

Fui con Trini a comprar un bolso que le gustó ayer por la tarde, ya un poco tarde. En la misma calle del mercado, cerca del Bar Chirino, hay un supermercado Supersol, que parece cerrado para siempre, al lado de la tienda de bolsos.

La tienda es pequeña, pero muy ordenada y con cosas bonitas. Nos atiende una señora o señorita realmente bonita y vestida de forma elegante, informal, pero con toque de elegancia, tema que es difícil de conjugar. Además, es muy amable.

A Trini le encanta el bolso. El bolso es bonito, pero a mí me gusta más la dependienta. A Trini la veo feliz con su bolso. Habrá que volver a por otro; así yo veré de nuevo a la vendedora. Cada uno disfruta de una manera. Los zapatos y los bolsos son la debilidad de Trini. La mía, más bien, es ver a señoras y señoritas guapas.

Hoy han venido mi hijo José, su mujer, Belén, y el pequeño y listo Daniel. Hemos comido juntos y hablado del mundo y se han marchado.

Antes, cuando estaba trabajando, no tenía tiempo para nada. Ahora que no trabajo, pues tampoco tengo tiempo para nada. Me falta tiempo, mucho tiempo. Esto es un problema crónico. Toda mi vida me ha faltado mucho tiempo.

Antes, cuando trabajaba, tosía mucho; con la jubilación se me ha quedado la tos. Antes no dormía, ahora sí; antes me dolían las piernas de no andar, ahora no. Me he puesto bien, me encuentro bien y antes mal. De vez en cuando tengo bajonazos de tensión que me caen fatal y me asustan.

La vida se va pasando y ahora solo queda un tramo pequeño de vida que quiero aprovechar.

Me comentó mi hijo que ayer, en Olivares, falleció un amigo de toda la vida, amigo de mi hijo y de mi hija Eva. Estaba casado, sin hijos. Le dijo a su mujer, con la que lleva toda la vida:

—Voy a darme una ducha. ¿Te quieres duchar tú antes o yo?

Total, se duchó ella primero y él el segundo, pero tardaba en regresar. Y estaba sobre la cama muerto. No sé, quizá con cincuenta años.

Esto sí da mucha pena, porque yo ya, con la edad que tengo, la muerte es algo que espero o que puede venir en cualquier momento. Todos los días en el periódico, como muchos, lo primero que veo son las esquelas mortuorias. Esto no es cosa mía, lo hace la mayoría. Lo lógico sería poner las esquelas en la segunda página. No habría que empezar los periódicos por el final.

Yo lo que sí quiero es que si tengo alzhéimer me lleven a una residencia. Lo he visto de cerca y es horrible. Lo tengo claro, no quiero molestar de esa manera. Lo tengo clarísimo.

Sigo mirando el mar y las luces del puerto y las estrellas en el cielo y la playa desierta. ¡Es tan bonito el mundo!

30. El Zapal de Barbate

13 de mayo de 2019

El Zapal era un barrio de chabolas. Lo que hoy es el casco antiguo de Barbate era el Zapal grande y había otro Zapal chico, también conocido con el nombre de Casetas del Río.

En 1874 se puso la almadraba. Es curioso que Barbate, como tal, no tuviese almadraba si en su pedanía de Zahara de los Atunes la ha habido desde época ancestral. Eran tiempos de mucho desarrollo barbateño, la pesca en Marruecos no tenía problemas, no existían las restricciones actuales, cada vez más importantes.

Con la almadraba, Barbate pasó de 2.000 habitantes a 8.000, que eran los que tenía en 1915. Hoy Barbate tiene 23.000 habitantes. En la información de que dispongo Vejer tiene 12.788. Las posibilidades de crecimiento de Vejer, por su ubicación, son mucho más escasas que las de Barbate. Vejer es un sitio maravilloso.

Barbate, pues, aunque de raíces muy antiguas, es de desarrollo muy reciente. Mucho desarrollo sin planificar y en malas circunstancias.

A finales del siglo XIX, en Barbate, en crecimiento de poblado pequeño, había opciones de trabajo. En estos años, de muchas y muy especiales penurias en España, y primeros del siglo XX mucha gente tenía «lo puesto» y nada más.

Venían a Barbate porque aquí se suponía que había trabajo y lo hacían en condiciones de desesperación. Tenían hambre y querían comer. Su opción era hacerse una chabola y procurarse trabajo en Barbate. Hacían sus chabolas con chapas sobrantes de la confección de los envases de atún. Además de con estas latas, con restos de madera de la cajas de latas de atún, así como cartones y pajas. Eran unas condiciones inhumanas, sin energía eléctrica y sin red de saneamiento para poder evacuar las aguas fecales, que discurrían por el centro de las calles, produciendo unos olores infernales. Se trataba de buscar de dónde enviar dinero a su familia. En muchos casos habían venido con su familia. Moscas, promiscuidad... En fin, un desastre, pero la necesidad obliga y el que no tenía para comer en su tierra venía algunas temporadas a Barbate, donde se hablaba que había trabajo en una época en la que faltaba en todos lados.

Era necesario de alguna manera solucionar el problema. Una alternativa era aislando el mismo, haciendo un Ayuntamiento independiente y viendo la forma de solucionarlo. Esto se hizo durante la Guerra Civil por el Gobierno de Franco. Se demolieron las chabolas y se construyeron viviendas. Desde luego, no con la rapidez debida ni mucho menos. Las viviendas, si bien eran un paraíso en aquellos entonces, hoy en cierta medida han quedado en mucho desfasadas de los tiempos actuales. Vamos a decir que un tanto caducadas probablemente.

Cuando posteriormente se creó el Consorcio Nacional Almadrabero, tenía en Barbate una de las fábricas de atún enlatado de calidad exquisita, la más importante de España.

Recuerdo perfectamente a finales de 1965 las latas de atún Consorcio de diez kilos, de cinco kilos. Y ya las que eran un lujo, por lo pequeñas, eran las de 1,6 kilos, de menos cantidad. En aquellos tiempos era totalmente impensable, porque el peso era diferente de una a otra.

En las tiendas de comestibles, sobre el mostrador, era típico encontrar una lata de atún Consorcio abierta y que se vendía en trozos al peso. Situaban el atún sobre papel blanco y después ponían otro papel de estraza en forma de cucurucho. Se saboreaba en los hogares poniendo mucho pan y poco atún en bocadillos para que estuviesen al alcance para todos. Era lo que ahora llamamos *delicatessen* y antes lujo. No era para comer todos los días, sino en días especiales.

Las latas iban en cajas de madera, de buena madera, con tablas gruesas que después se reutilizaban en carpintería para muebles diversos. También las latas de envase se aprovechaban llevándolas al latero, que hacía con ellas jarras de leche, cubos para agua de limpieza… En fin, un sinfín de enseres, como las chapas pintadas con el nombre del Consorcio.

Barbate es una marca, Barbate es atún, Barbate es salazón. Me acuerdo bien de las arencas o arenques en las barricas típicas de la tienda de comestibles, que destripaban metiéndolas entre papeles, con la puerta abriendo y cerrando y situando el arenque por la parte de las bisagras. Estaba fenomenal en un bocadillo. Tenía fama de que entraba sed y de que se olía mal. En fin, siempre se ha tomado como olor muy malo. Yo no lo veo así; simplemente, porque en aquellos tiempos sabía a gloria y qué mejor que merendar un chusco con dos arencas dentro y un buen vaso de leche.

En aquellos tiempos había poco café. Era más usual la cebada tostada y molida. Como esto estaba regular, pues se tomaba mucha más leche, que se compraba en la lechería más próxima, a granel. No había envases, no había que reciclar. Lo que había se reutilizaba. Hoy día, por lo menos en el círculo en que me muevo, los arenques no se quieren, «pues huelen» y estamos en la época de no oler nada, que es mal visto. En todo caso, un ligero toque de algún perfume de forma muy discreta y, eso sí, desodorantes. Se terminó el maravilloso olor a coles de algunas cocinas.

Yo cuando veo una barrica de arencas, desde luego, compro varias. Y soy en mi casa el único que las come. No lo entiendo, están riquísimas.

El Consorcio se creó en 1928 y se liquidó en 1971, con deudas y una situación financiera bastante mala. Por otro lado, ya en 1971 los vientos no le eran favorables y la tendencia no era monopolística. El Consorcio, en la práctica, era un monopolio que, es verdad, hizo cosas buenas en cuanto a la industrialización y comercialización, pero digamos que era un reino de taifa y lo de Consorcio «Nacional» Almadrabero no era así, pues no intervenía el Estado, salvo en el cobro de los derechos que sobre las almadrabas tenía.

Se creó el Consorcio en los tiempos de la dictadura de Primo de Rivera y se mantuvo hasta el comentado año 1971. Era integrar todas las almadrabas andaluzas en una sola sociedad para conseguir una mayor racionalización. En fin, eran otros tiempos y hay que verlo en el contexto no actual. Muchas cosas que se hacen ahora en el mundo quizá serán difíciles de entender en generaciones venideras.

En Barbate no hay chabolas agraciadamente en la actualidad, pero sí hay pisos de la posguerra que han evolucionado poco. Son pisos económicos y de aspecto no muy puntero, al menos por el exterior, como he comentado, y lo que falta es no colgar la ropa para que se seque en algunas fachadas.

Está muy bien que ahora se está pintando todo poco a poco de blanco, una acción estupenda en un pueblo andaluz, marinero y mediterráneo. Pero la ropa puesta a secar, a la vista de las personas que circulan por la calle, ha de quitarse. Esto es realmente no elegante en los tiempos de hoy y perjudica a Barbate. Hoy esto ya no se ve en ninguna localidad, buscando el objetivo de ciudad-modelo.

Hay en Barbate poco turismo. Es un turismo familiar el que hay, no un turismo de hoteles. Un turismo embrionario y una red hotelera muy reducida.

La industria es meramente testimonial, solo de atún, y no tiene espacio para agricultura. Se ha visto Barbate muy zarandeado por la crisis de la pesca, que le ha afectado de manera directa y brutal en muchas ocasiones, y requiere un plan sobre nuevo modelo para el futuro, no quedar como localidad atrasada y de bajo nivel, sino moderna y pujante y apuntarse a las corrientes modernas.

El sitio es ideal. Tiene Barbate que reinventarse y a las autoridades provinciales y regionales hay que transmitir, en mi opinión, que se trata de una localidad deprimida que necesita una atención muy especial para sacarla del sitio en el que se encuentra. Es, probablemente, la localidad más atrasada de las costas españolas, muy centrada en los productos del mar, por lo que ha sido fuertemente afectada con las limitaciones pesqueras de la época moderna. Y también por las malas carreteras.

Si se repasan los accionistas del Consorcio, entre ellos se ven marqueses, condes y duques. Esto me obliga a una reflexión: si los reyes en España, en cada momento, conceden títulos nobiliarios a empresarios, técnicos destacados, etc., pues entonces es fácil ver en consejos administración a personas con títulos nobiliarios y se piensa que son heredados y que las familias llevan con ellos siglos. No es así en muchos casos.

El señor Romeu, propietario de la almadraba de Barbate, hizo muchas buenas cosas por la localidad. Su poder político, su organización empresarial, no se limitó a ello, sino que efectuó en su momento destacadas obras sociales.

31. Barbate, poca historia y mucha antigüedad

Reseño lo de mucha antigüedad porque señales de personas instaladas hace muchos siglos las tenemos. Sin embargo, el desarrollo de Barbate corresponde a época muy reciente, los últimos treinta años del siglo XIX, el siglo XX y lo que llevamos del XXI. Es decir, la historia de todo el grueso de nuestro desarrollo es reciente, solo 150 años. Antes de ello la población era muy reducida, de un millar de personas.

Barbate desde siempre ha estado ligada al mar y a la pesca. Mar y pesca. Tiene cuevas prehistóricas que aún no conozco y no sé dónde están. Según parece, en la sierra del Retín, pero no están dentro de circuitos turísticos. Se lee sobre las cuevas de Fuente Santa y la Mojama, con restos de pinturas rupestres, y sobre los dólmenes de Caño Dorado. Habría que ver la forma de poner en valor este patrimonio.

Los fenicios procedían de la antigua Fenicia, que era una franja costera de unos cuarenta kilómetros de ancho en el Oriente Próximo, hoy parte de Israel, Líbano, Siria, etc. Vivían de la pesca de forma fundamental, varios siglos antes de Jesucristo, y fueron los que iniciaron en las costas andaluzas la pesca del atún e hicieron en el río Barbate un puerto pesquero, implantando el sistema de almadraba en Zahara de los Atunes y otros puntos.

En la provincia de Cádiz tenemos cuatro almadrabas: Conil, Barbate, Zahara de los Atunes y Tarifa. Parece que suponen el 50 por ciento de la producción nacional, que está sujeta a unas cuotas anuales. Otra provincia importante en el atún es Huelva. Se aprovecha el paso migratorio de los atunes que van al Mediterráneo a desovar.

En el siglo XII, en plena conquista cristiana, le es otorgada al duque de Medina Sidonia la concesión de las almadrabas, de su explotación, lo que llevó a cabo la casa ducal hasta el siglo XIX, cuando pasó a manos empresariales. Podemos decir que el duque era el máximo mandatario, el dueño de su zona, y que su jefe era directamente el rey y tenía que pagar una serie de cánones anuales para el mantenimiento de los gastos de la Corona o, mejor dicho, del Estado en cuanto a ejército, etc. Realmente, era como un reino que dependía de otro.

En los primeros veinte años del siglo XX, o quizá más, tuvo mucha importancia el atún, ya que se descubrió, por llamarlo así, el enlatado en aceite, o bien en escabeche. Además, se inventaron los frigoríficos y se resolvieron cuestiones que, junto con la existencia ya del ferrocarril, permitían llevar el producto más lejos sin que se deteriorase. Estos hechos permitieron que la industria conservera creciese y la Primera Guerra Mundial hacía que los productos de alimentación fuesen muy demandados. No había ningún problema de ventas; se vendía todo.

Fueron años de crecimiento en Barbate, pero un crecimiento de la población sin estructura ninguna, sino mediante el chabolismo. En aquellos años era un poco lo que había. Después, más recientemente, vinieron años de crisis pesquera.

El ponernos a vender atún a los japoneses en 1981 fue un respiro muy grande y una reactivación en un tema bastante agónico en aquellos momentos.

La fascinante historia de Barbate bien merece un libro bien documentado y concreto y, desde luego, alrededor del atún. Merecería mucho la pena que se rodara con este fondo y con tramas escritas sobre él alguna que otra película de cine. El cine muchas veces parece agotado, a juzgar por lo que se ve, y en la historia de nuestro país hay temas interesantísimos para llevar a la pantalla y que son simultáneamente culturales. Una película que tuviera como fondo la almadraba tiene muchas opciones de éxito.

Hoy día las almadrabas se han modernizado mucho. Con los nuevos materiales y redes de pesca, de poco mantenimiento y mucha duración, y con los avances descubiertos se necesita muchísimo menos personal que tradicionalmente y se obtienen mejores costos, mucha más productividad. Las piscinas marinas, de las que tenemos en Barbate una para el engorde de atún, sin duda son una solución o alternativa moderna.

Si nos remontamos a los años después de Cristo, de la época de los visigodos tenemos la ermita de San Ambrosio, que tiene un capítulo especial en este libro, y, ya como edificio más moderno, el Palomar de la Breñas, que es una finca del siglo XVIII, hoy convertida en un hotel que conviene visitar. De la misma época es la ermita de San Paulino y también la que ahora llamamos de la Virgen de la Oliva, de la cual he escuchado, no sé si es así, que pertenece al término de Vejer solamente dicho enclave. Algo así como el Condado de Treviño, que es de Burgos y está en Álava. Seguramente, son habladurías.

Dentro del término de Barbate tenemos los célebres Caños de Meca, con aguas muy claras y grutas naturales y donde hay zonas en las que se practica el nudismo; y, por supuesto, la muy célebre Zahara de los Atunes, con unos paisajes impresionantes: Zahara y el cabo Trafalgar.

Zahara de los Atunes es una ELA, es decir, una Entidad Local Autónoma. No sé si ello es un paso intermedio para, con el tiempo, ser un ayuntamiento independiente. Sí creo que los ayuntamientos hoy día no deben ser pequeños. No le veo mucho sentido a tantos ayuntamientos en España y creo que debería haber algún plan provincial, coordinado por las diputaciones, para disminuir el número de municipios y hacerlos más grandes. Actualmente, la automatización y la informática entiendo que así lo requieren. Habría que apostar por que haya ayuntamientos que se agreguen y que no se creen nuevos. Eso sí, arbitrando estructuras que impidan que haya abandono y desequilibrios. Hay que disminuir gastos generales en todo.

Históricamente, esta zona era muy poco habitada. Tenía el puerto pesquero del río Barbate, con el Castillo de Santiago (construido por el duque de Medina Sidonia sobre ruinas de otro castillo defensivo anterior) protegiendo la entrada al río, y en su costa se ubicaban la almadraba de Zahara y el puerto de Barbate. Debido a la peligrosidad de ambos enclaves al estar continuamente sufriendo asaltos de los piratas del otro lado del Estrecho, era un lugar peligroso para vivir. Los asaltos eran continuos. De ahí que a las almadrabas solo viniesen aventureros y, digámoslo así, personas a las que la vida les importaba poco. Esto cambia, los piratas desaparecen y a finales del siglo XIX, en 1871, se alcanzan los mil habitantes.

Cuando los musulmanes fueron expulsados de España (me refiero a los moriscos, que eran los que habían pasado a la religión católica, al menos aparentemente, pues eran años donde se pensaba tener una sola religión mundial: el catolicismo), los árabes españoles tuvieron que instalarse en el norte de África, muchos en Tetuán. Allí no eran unos más; tenían la misma religión, pero en todo lo demás eran extranjeros. Además, no tenían un céntimo.

Tetuán era una ciudad cuyos habitantes eran básicamente los expulsados de España. En este ambiente, bien por necesidad, por revancha o por ambas cosas, asolaban como piratas las costas de Cádiz. Tetuán está a un paso. Capturaban personas, además del saqueo, y después pedían rescate por ellas, que solían obtener. Vivir en la zona costera y ser secuestrado era más que normal, de ahí que nadie quisiera vivir en la costa de Cádiz, evidentemente.

Los terrenos conquistados por los castellanos tenían poca capacidad de resistencia en la costa. La Chanca de Zahara se construyó como un fortín, lo mismo que la de Conil. Aun así, los asaltos de los piratas bien organizados difícilmente se podían contrarrestar.

Del Consorcio Nacional Almadrabero queda poco. Hay que actuar antes de que se pierda y guardar lo que hay de historia en Barbate, no solo desde el plano cultural, sino también turístico; así como la vivienda que tenía el conde de Barbate en el Chinar, cerca del puerto antiguo, y donde una vez parece que estuvo durmiendo Franco, no sé si es verdad o no. Mucha información recogida aquí procede de los propios habitantes de Barbate y hay quien dice que Franco jamás estuvo en Barbate, no lo sé.

La creación de una población que en pocos años experimenta un gran crecimiento sin infraestructuras da lugar a una situación no deseable, que hay que corregir en lo que quede pendiente para que tenga un nivel destacado y acorde al resto de las poblaciones españolas.

El desarrollo del término de Barbate en el siglo XX ha sufrido muchas y muy variadas incidencias. Dicho desarrollo, plagado de dificultades de diverso tipo, ha estado muy poco orientado al turismo y mucho a la pesca, actividad que ha sufrido muchos avatares como consecuencia de que cada vez tiene más restricciones, lo que obliga a tener que reinventarse de nuevo para el futuro, estableciendo objetivos bien claros, aunque para conseguirlos se necesitan años. El municipio hoy se ve obligado a reinventarse vía fomento del turismo, vía acuicultura, vía otra industria pesquera. Es por ello fundamental diseñar en lo posible el camino del futuro en esta bonita y espectacular franja costera, en el estupendo Barbate.

Las corrientes modernas de pensamiento van por caminos que, en principio, parece que son irreversibles y no es presumible que haya marcha atrás en cuanto a estas tendencias. Así, tenemos el cuidado de medio ambiente, eliminando contaminación en general y de las aguas de la población en particular; la apuesta por tomar «alimentos naturales», más ecológicos; el menor uso de combustibles fósiles y la sustitución de los automóviles de gasolina y gasoil por vehículos eléctricos; la generación de energía con fuentes naturales, sin uso de carbón ni combustibles derivados del petróleo; el cuidado de los mares para que los mismos «estén vivos», sin sobreexplotar los mismos con la pesca y aplicando las restricciones de cada país para la pesca en sus costas, etc. Todo ello son tendencias irrefrenables, que en vez de combatir, intentando inútilmente pararlas, es mejor política adelantarse a las alternativas que las sustituyen. Esto siempre ha sido así. Por ejemplo, si vamos a los coches eléctricos, pongamos ya, anticipándonos, puntos de carga en Barbate, porque el porvenir, en definitiva, siempre ha sido del que sabe adelantarse. En cuanto a la pesca, aparte de que se defienda lo mejor posible, hay que empezar a ver fórmulas para que Barbate lidere la acuicultura. Tenemos una imponente balsa para este tipo de actividad, como lo es el río Barbate.

Hay un factor muy positivo y es que el alcalde ha salido votado por aplastante mayoría. Esto es muy bueno porque, en primer lugar, con ello se ve claramente que en la población hay un líder en el que el pueblo confía (porque en las votaciones municipales, en buena medida, se vota a la persona, al equipo, y no al partido) y quiere decir que no tiene que consensuar cada medida y que lo ha hecho bien durante el mandato recientemente terminado. Todo ello es bueno para el aceleramiento de las mejoras en Barbate.

32. La superficie activa de Barbate

La superficie total de Barbate es de 143 kilómetros cuadrados. Es decir, suponiendo que fuese cuadrada, sería un cuadrado con doce kilómetros de lado, aproximadamente.

Cada kilómetro cuadrado son cien hectáreas. Es decir, el término de Barbate tiene 14.300 hectáreas. Es un término municipal, bajo mi punto de vista, que puede considerarse pequeño. No quiere decir que haya muchos menores, supongo, pero no es un término grande como el de Antequera, que es mi lugar de nacimiento, que tiene 750 kilómetros cuadrados, es decir, 75.000 hectáreas.

En Barbate, el Parque Natural en cuanto a tierra supone 4.000 hectáreas (aparte de la superficie marina), que hay que restar a las 14.500 hectáreas comentadas y nos quedaría una superficie útil de 10.500 hectáreas. Se declaró Parque Natural en 1989 y es el más alto en la clasificación de reservas nacionales.

En cuanto al Ejército, ocupa una superficie muy importante, con cinco kilómetros de costa y un total en cuanto a superficie de 5.400 hectáreas, que hay que restar a las 10.500 reseñadas y nos queda un total de superficie de 5.100 hectáreas. La expropiación para el Ejército fue en 1982.

Supongo que tanto el Parque Natural como el Ministerio de Defensa no aportan contraprestación económica a un ayuntamiento con pocos recursos financieros y unas recaudaciones que tienen que ser muy bajas, ya que la industria es solo testimonial y la aportación de IBI ha de ser baja debido a que sus habitantes tienen que generar unas rentas bajas. El panorama económico del Ayuntamiento entiendo que tiene que ser bastante problemático. Es lo que pienso. Por supuesto, en algunos temas de los que indico puedo estar equivocado. En ese caso, ruego que se me disculpe.

De la superficie útil que queda, 5.100 hectáreas, hay que deducir una franja de trescientos metros alrededor de la parcela del Ejército, donde no se puede hacer nada, y supongo que en el Parque Natural ha de ocurrir algo parecido. Además, hay que deducir lo que ocupan las carreteras y sus laterales. En fin, no tengo idea de lo que esto puede suponer, pero es posible, por consiguiente, que probablemente no haya disponibles en total más de 4.000 hectáreas, una superficie tremendamente reducida. Esto entre Zahara, Caños de Meca y Barbate. Poco sitio para construir con la riqueza que ello aporta al Ayuntamiento, directa e indirecta.

Creo (es una mera opinión) que el Ayuntamiento debería tener compensación tanto del Parque Natural como del Ministerio de Defensa y comprobar si sus medidas pueden reducirse. Aparte de ello, que tengan personal de investigación en el primero y una academia militar en el segundo que generen alguna riqueza y den seguridad, de paso, a la población del término municipal.

No sé, pero a la vista de ello me imagino que habría que establecer un plan de lo disponible para ver si se pueden construir hoteles, determinar su superficie y altura, levantar bloques de pisos, etc., como plan futuro. Ya de por sí es un panorama grave para el desarrollo barbateño y la superficie es un tema que no estira. Hay que tener previsto lo que se puede hacer en la pequeña superficie que queda (en definitiva, según estos números, si fuese un cuadrado sería un cuadrado de doce kilómetros de lado) y hacer un plan de desarrollo a cinco años. Otra cosa es que lo que se prevea pueda hacerse, pero hay que tener al menos el plan. Si no se tiene plan, es difícil evolucionar.

33. El río Barbate y su futuro

10 de julio de 2019

No he hecho el trayecto andando desde Barbate a La Barca de Vejer por la orilla del río o lo más cerca que pueda de la misma. He de hacerlo y pronto.

Muchas veces he soñado con La Barca de Vejer cuando era puerto fluvial, navegando los barcos por el río hasta atracar allí, protegidos de piratas y también de oleajes. Era uno de los mejores puertos interiores de España, donde hay más bien pocos puertos interiores. Que yo conozca, solo el de Sevilla, con un valor enorme como puerto interior.

Mi sueño es que el río sea navegable hasta La Barca de Vejer y que tenga sus márgenes muy cuidados y esté encauzado y sus aguas estén limpias. Sé que no lo veré porque tengo ya la edad muy avanzada, pero sueño con ello, pues esto podría ser significativo, todo un atractivo. Tal como si el Guadalquivir fuese navegable hasta Córdoba como lo era en tiempos de los romanos, teniendo Córdoba en aquellos entonces, como es conocido, su puerto, que hoy existe. El río Barbate tendría un uso múltiple, muy amplio:

-Para deportes náuticos de calidad.
-Para su uso, en algunas partes, como piscifactoría.
-Como paseo en ambas márgenes, carril bici o carril de senderismo.

En definitiva, qué duda cabe de que sería sensacional. Sería un proyecto para presentar conjuntamente entre Vejer y Barbate, haciendo una plataforma de estudio o un comité permanente al afecto. Esto sería a larguísimo plazo, pero alguna vez conviene empezar.

En cuanto a todo lo que se escribe o se lee sobre la laguna de la Janda, en mi opinión es mejor olvidarse de volver a la idea de que tenga su agua y sea un parque para aves, porque allí se ha invertido mucho, muchísimo, y se ha confeccionado una explotación agrícola modélica, ejemplar, de las más importantes de España. Una explotación como para presumir de ella, que es lo que hay que hacer. Teniendo en cuenta su superficie, ¿cuánto sería su valor? Tiene que ser tremendo por las inversiones enormes allí realizadas. Suprimir novecientos puestos de trabajo aproximadamente no lo veo ni remotamente. Es un tema, en mi opinión, cerrado.

Aparte de ello, cuando se iniciaron las inversiones, creo que en los años 50 del siglo pasado, el punto de vista era otro. El punto de vista respecto a las lagunas era que las aguas estancadas eran un criadero de mosquitos y otros organismos productores de enfermedades y que las aguas de las lagunas había que erradicarlas de alguna forma, pues era lo mejor para la población. Seguro que, visto con la mentalidad de hoy, era un criterio equivocado, pero era el que había. Actualmente, en mi opinión, estos criterios se tergiversan y lo que se viene a leer es, en definitiva, un apoyo del régimen político a las personas que querían desarrollar este proyecto como negocio. Probablemente, lo invertido es mayor que el valor de la tierra que se cultiva.

Mejor que sea un sitio para poder ver lo que de positivo aporta y lo que hay, que es el río Barbate hasta La Barca, tratar de ponerlo en valor, como se dice ahora. Las aves seguro que nos comprenderán y tendrán buscado otro sitio. Y si dentro del mismo puede haber algún recuadro para ellas, pues mejor. Y creo que los hay.

34. Los apartamentos turísticos

11 de julio de 2019

Por lo que me cuentan personas que los tienen, aunque no en Barbate, son una buena inversión. El sistema de alquilar un piso para un mes o dos yo lo he hecho con malísimas consecuencias, porque que se ha metido en el apartamento un ejército de personas, muy por encima de lo lógico, y más o menos nos han dejado la vivienda no ya para no ganar nada con el alquiler, sino para tener pérdidas económicas, afrontar reparaciones elevadas y un problemón de contratiempos.

Los alquileres de verano de forma llamemos personal son un desastre. Con esta modalidad, mi experiencia es fatal. Pero los apartamentos turísticos son otra cosa, porque los alquilan por semanas o por quincenas. Este tipo de alquiler lo hacen empresas especializadas que, cuando se van los inquilinos, los controlan y exigen ciertos niveles y garantías de que lo dejen todo bien. Además, estas empresas los arreglan para el próximo cliente. Por ello, requieren una serie de condicionantes de calidad en la vivienda que se va a alquilar, exigen una serie de requisitos. Hoy día la vivienda está expuesta por internet con todo detalle.

Aquí cerca, concretamente en Atlanterra, conozco una persona que ha puesto su apartamento como turístico para tener una fuente de ingresos que necesita. No lo ha hecho directamente. Los propietarios particulares no hacen nada, salvo entregarlo inicialmente, de acuerdo con unos determinados requisitos, y después la empresa se encarga de todo. Evidentemente, buscando inquilinos, cobrando, manteniendo el apartamento y enviando a la propiedad lo cobrado, menos un tanto por ciento previamente concertado por su trabajo.

Es una forma ordenada de que, con empresas de garantía, el dueño del apartamento quede tranquilo. La empresa se hace cargo de todo y da a sus clientes un servicio de calidad.

La forma de alquilar sin empresa especializada intermedia que cuide de todo es ya una fórmula caduca. En este sentido, creo que hay que potenciar Barbate mediante empresas que se dediquen a esta actividad y que estén debidamente organizadas y sean prestigiosas. Esto aparte de intentar por parte del Ayuntamiento gestionar dónde se pueden ubicar hoteles y señalar lo que corresponda a este respecto. Es la forma, o una importante forma, de crear riqueza.

En definitiva, el objetivo es único y sencillo: que los barbateños ganen lo más posible, que se evite el paro y se cree, por consiguiente, riqueza que tenga un efecto multiplicador. Este sector de los apartamentos turísticos puede ser en buena medida una palanca para conseguir un desarrollo importante e intentar atraer público durante la época de otoño e invierno, utilizando de forma óptima las infraestructuras que existen actualmente.

Uno de los problemas que tenemos en Barbate son las malas comunicaciones, que nos aíslan; además, no tenemos ferrocarril y esto ya de por sí es un problema importante.

La autovía termina en Algeciras y se reinicia en Vejer. Hay un tramo enorme que necesita ser autovía, con el impulso consiguiente que las buenas comunicaciones conllevan. Por otro lado, sería necesaria una carretera de doble vía desde Barbate a la Ruta del Toro para que mejore sus comunicaciones con Sevilla. Ahora, en este tema de las carreteras, es posible que sea Barbate una de las grandes olvidadas en Andalucía. Me refiero, mejor dicho, a la provincia de Cádiz. Ya tenemos, por fin, autovía entre Granada y Motril; ya tenemos, por fin, autovía entre Málaga y Almería por laderas de montaña. La autovía de Algeciras a Vejer es un tema que es una demanda a gritos.

35. Disquisiciones barbateñas

Reseño algunos comentarios de temas diferentes, como una especie de cajón de sastre.

Río Barbate. Según parece, el mar, quince siglos antes de Jesucristo, se extendía hasta Vejer. El río Barbate desembocaba en La Barca de Vejer. No sé si tiene fundamento que el nombre de río Barbate viene de «río del barro» que arrastraba. Este río nace en Alcalá de los Gazules.

La vía de Tarifa. Era y es un decir que los presos de siglos atrás, para redimir y cancelar su culpa, estando un año y un día trabajando en las almadrabas en la Edad Media quedaban libres. Esta era una manera de reclutar personal, debido a que nadie quería hacerlo por la peligrosidad que entrañaba la zona por los asaltos constantes de los piratas, sus crímenes y secuestros.

Primer duque. Alonso Pérez de Guzmán, llamado Guzmán el Bueno, fue el primer duque de Medina Sidonia, ciudad que Alfonso X el Sabio le regaló en 1282, habida cuenta de los buenos servicios hechos a la Corona. Lo casó con María Coronel, una rica hacendada de Sevilla, aparte de nombrarlo duque por sus hechos heroicos.

Terrenos de cultivo gratis. Alfonso XI, con las «hazas de la suerte», quería igualmente ceder terrenos gratis para el cultivo. Pretendía que esta medida novedosa fuese un incentivo para que viniese mano de obra a las almadrabas de otros lugares.

Torres vigías. En el siglo XVI se construyen en el Tajo de Barbate, Meca y faro de Camarinal para proteger a la población ante los ataques de los piratas berberiscos. También se construye el Castillo de Santiago, en la desembocadura actual del río Barbate.

Conde de Barbate. Alfonso XIII nombró conde de Barbate al señor Romeu Fages por lo mucho que hizo en su momento por el pueblo de Barbate, así como por sus éxitos tanto industriales como políticos.

El primer alcalde. El primer regidor de Barbate fue don Agustín Varo y Varo.

Hermanamiento de Barbate. Este pueblo pesquero está hermanado con Larache (Marruecos) y también con Monesterio (Badajoz).

El campo del Ejército. En 1982 se expropia la costa que va desde Zahara de los Atunes a Barbate y parte de la sierra del Retín y se convierte en campo de adiestramiento del Ejército. Sería bueno que el Estado compensara dando riqueza a la zona; por ejemplo, instalando una academia militar o un centro de estudios. En fin, actividad militar en la sierra del Retín que diese riqueza, aparte de más seguridad a la zona. Esto son, evidentemente, meras opiniones personales.

Baesippo. La ciudad romana no se sabe dónde estaba, es una asignatura pendiente descubrir su antigua ubicación. Hoy día, con las nuevas tecnologías, no es necesario hacer catas para comprobar los cimientos. Estos temas en el futuro serán mucho más fáciles. Quizá tengamos un circo cerca de nosotros.

Los Caños de Meca y su nombre. Parece que así se lo pusieron los árabes por entender que el agua que cae al mar por el acantilado es agua milagrosa y les recordaba a La Meca, donde Ismael, casi muerto de sed, dando golpes a una roca hizo que brotara agua potable magnífica. A su alrededor se construyó La Meca. El Parque Natural tiene dos capas paralelas. La más baja es impermeable y la de arriba es permeable; de esta forma, el agua poco a poco se desliza por encima de la capa impermeable hasta que llega al acantilado, «brotando» de su pared.

La batalla de la Janda. Parece que fue al norte de la antigua laguna donde los árabes vencieron a los visigodos. Después de ello, la invasión árabe no tuvo más batallas. Los árabes invadieron las poblaciones de forma apacible y sin resistencia y, poco a poco, el pueblo se integró en las costumbres árabes.

Las torres almenaras o torres con almenas. Construidas para avistar a piratas. Si era de día hacían encima de ellas humaredas y si era de noche hacían fuego. Había dos torres intermedias entre la costa y Vejer para desde ellas replicar las alarmas costeras y desde Vejer se atendía el socorro al punto atacado. Cuando llegaban, casi siempre era tarde. El esquema no funcionaba bien. Era raro que fuese exitoso.

Pósito de pescadores. Esto era la cofradía de pescadores, es decir, una asociación de socorro mutuo con organización de cooperativa para aunar esfuerzos y prevenir riesgos. Este nombre estuvo vigente de 1918 a 1943.

La batalla de Trafalgar. Las tropas franco-españolas perdieron 4.408 hombres y resultaron heridos 2.525. Murieron 449 ingleses y 1.243 resultaron heridos, según dicen. Pero, en general, las pérdidas en las batallas dependen del bando que las haga públicas. El haber ganado la batalla les supuso a los ingleses el dominio absoluto del mar. La armada franco-española era comandada por el almirante Villeneuve, que era francés. En la misma batalla, entre otros, murió Churruca.

Costa de la Luz. Puesto así el nombre a la playa de la zona por sus mágicos atardeceres y el colorido de sus días, inundados de sol. Barbate tiene veinticinco kilómetros de playa.

Cine Atlántico. He leído por ahí que, en su época, era el cine sin columnas más importante de España. No había otra construcción como el mismo, con tanta separación diáfana. El cine tenía cierto parecido, en su fachada, con la ópera de Berlín.

Los habitantes de Barbate. En 1920 la población de Barbate alcanzaba las 3.500 personas.

El bombardeo de las instalaciones del Consorcio. Fue debido a que el conde de Barbate, con algunas chalupas, colaboró con las tropas de Franco, trasladando a algunas de ellas desde Marruecos. El conde falleció en Génova, adonde había ido a la compra de dos barcos de guerra para el ejército de Franco.

36. Sugerencias de mejoras para el futuro

Julio de 2019

Reseño algunos puntos, ideas y pensamientos con el objetivo de que, a ser posible, se analicen y se vea si algunos pueden ser útiles.

Debo indicar respecto a mi vida laboral, siempre en la empresa privada, que prácticamente la mayor parte de ella ha transcurrido dirigiendo equipos en S. A. Cros y, posteriormente, en Fesa Enfersa (hoy día Fertiberia). Estuve como jefe de la división de abonos líquidos y productos especiales para toda España; en este cargo estuve trabajando unos veinte años, durante los cuales estuve residiendo en Sevilla. Posteriormente, ejercí como gerente de Herogra y su grupo durante otros veinte años. Grupo Herogra tiene una facturación global de aproximadamente 160 millones de euros anuales y una plantilla de aproximadamente 155 personas. La sede central se encuentra en la provincia de Granada.

Hoy, ya jubilado, me considero modestamente preparado para, con bases amplias, poder dar algunas ideas por si algunas pueden ser útiles y ser llevadas a cabo en un futuro próximo. Las reseño no por orden de importancia, sino sin orden de exposición, como tormenta de ideas. Tampoco he tratado de ser exhaustivo.

1. Plan a siete años. En definitiva, establecer un plan de cómo queremos de forma ideal que esté Barbate dentro de siete años, qué número de habitantes suponemos que tendrá en 2027 y cómo nos gustaría que estuviese la población en ese momento. Se trata, como digo, de un plan ideal. Otra cosa es ya comprobar si el mismo económicamente es factible o no, pero eso es otra historia. Lo primero es fijar unos objetivos de base. En definitiva, como se hace en una empresa.

2. Presupuestos del plan. Un segundo paso del plan es pedir presupuesto de cada uno de los capítulos que lo integran, tener cuantificado económicamente el mismo. Esto es un ejercicio empresarial necesario, pues poniendo números a los temas las conclusiones son muy diferentes a si no se tienen.

3. *Ranking* de las acciones y cronograma. El tercer paso es, a la vista de lo que hay que hacer, ver qué es lo que se puede hacer de momento, estableciendo un calendario de ejecución, y del resto de las acciones ver cómo dar pasos o hacer progresos en cada una de las elegidas. En estos temas siempre se buscan en las empresas argumentos para no hacerlo, pero hay que hacerlo. Evidentemente, el calendario no es aprobado, sino deseado, como objetivo posible. Se hace abstracción porque se trata de un plan ideal teórico. Después ya se verá. Lo primero son los puntos indicados.

4. Subasta de pescado abierta al público como atractivo turístico. En la sala de subasta que haya unas gradas para el público y que no sea cerrada como actualmente, sino que puedan asistir los turistas que lo deseen y que de alguna forma la subasta se haga del modo tradicional. Sería algo muy bueno para Barbate, su leyenda y su proyección como entidad turística y pesquera. Se podría hacer, si no todos los meses, sí al menos algunos meses al año, cobrando la entrada.

5. Puesta en valor del Cine Avenida. Tratar de acondicionarlo y abrirlo con un destino como Museo Etnográfico de Barbate o Museo del Pescador, por ejemplo. El Centro de Interpretación del Atún que hay actualmente en el puerto está en mal sitio, porque es una zona poco frecuentada. Por tanto, el museo debe estar incrustado en la población, tal como el antiguo cine. Allí, cerrado y con aspecto de abandono, poco hace y la visita donde está ahora, tan lejos, es difícil. En fin, ponerlo en otro sitio es esencial para el pueblo.

6. Videovigilancia en calles. Esto creo que actualmente es necesario y moderno porque aumenta la seguridad por las grabaciones que deja. Concretamente, este año me han arrancado, no sé con qué motivo, los adornos de plástico que lleva mi coche de serie. Unas buenas cámaras de videovigilancia hoy ya son habituales en muchas ciudades y conviene erradicar la delincuencia como medida fundamental para fomentar el turismo.

7. Multas fuertes a las cacas de perro. Hay que erradicar esto porque da un mal aspecto a las calles, de abandono y suciedad. La forma de acabar con ello sería la imposición de multas de seiscientos euros al menos y, a ser posible, gratificando a los guardias que impongan las mismas. Este es un tema que debe conseguirse. Las cámaras de videovigilancia pueden ayudar a ello, incluso policías vestidos de paisano.

8. Limpieza a vapor de los chicles pegados al suelo como manchas negras. Supongo que estas manchas son de muchos años. Creo que habría que dar charlas en los colegios para concienciar a los niños de no tirar chicles en la vía pública y también, mediante folletos, a los visitantes y habitantes. Asimismo, efectuar una limpieza con vapor de estos chicles.

9. Elección de calles preferentes para cambiar el suelo. Se trataría de cambiar el firme y convertirlas en calles de plataforma única, sin asfalto ni aglomerado, con ladrillos o imitación a los mismos. Es decir, pavimentación moderna. Habría que ver qué calles arteriales o de más tránsito deben ser y presupuestar la inversión que supone cada una. En general, cambiaría la imagen de la ciudad.

10. Prohibir la colocación de ropa tendida en las ventanas de los edificios, mediante colgadores externos en la fachada o en balcones. Esto ya hoy no es admisible y hay que multar y concienciar al personal. Una secadora encima de la lavadora es una solución, o cualquier otra que no sea tener las fachadas impresentables con la ropa tendida, lo cual da muy mala impresión en los tiempos actuales. Es necesario concienciar a la población y convocar reuniones con los presidentes de bloques para tratar de eliminar esta costumbre. Es un tema que se debe erradicar aunque su puesta en marcha tenga mala acogida.

11. Visita en barco a la almadraba. Hace años hubo un barco pesquero que realizaba una visita muy interesante por la costa de Barbate. Había dos o tres alternativas de viaje y esta medida se abandonó. Ahora hay, según tengo entendido, un barco más moderno que sale del Centro de Interpretación del Parque Natural. Eso creo que pocos visitantes lo saben. Se han de publicitar los viajes turísticos para los residentes en Barbate, ya que muchos no se han embarcado nunca.

12. Concejalía de captación de industria. Un departamento dentro del Ayuntamiento dedicado al contacto con industrias para tratar de ubicar algunas en Barbate, facilitándoles el camino en lo posible y ayudando a este fin para que el polígono tome la mayor capacidad operativa. Estos contactos estarían enfocados básicamente a la industria de productos del mar y alimentaria, para atraer clientes al polígono y que creen puestos de trabajo. Porque el problema en Barbate es que el terreno no se puede ocupar entre el Parque Natural y el parque de adiestramiento del Ejército. Por tanto, el municipio tiene poco espacio disponible, no tiene agricultura, no tiene industria, salvo algún vestigio, y la pesca tiene un futuro incierto, a la vez que la tecnología de esta hace que se requiera cada vez menos personal. Hacen falta nuevas ideas rompedoras.

13. Plan del río Barbate. Diseñar un plan con respecto al río Barbate, desde su desembocadura hasta La Barca de Vejer, para ver sus mejores opciones de cara al futuro, tales como su utilización para deportes náuticos o como piscifactoría a gran escala. Podría ser un plan conjunto con el Ayuntamiento de Vejer. Es decir, plantear cómo nos gustaría que estuviese dentro de siete años, una plataforma de puesta en valor. No es un desagüe ni una zona marginal. Debe ser un foco de atracción; probablemente, el más destacado.

14. Plan alternativo a la pesca. La pesca en el mar cada vez tendrá más restricciones debido al agotamiento del mismo o restricciones cada vez más amplias de otros países. Aunque la pesca no desaparezca, hay actualmente otras alternativas muy pujantes, también necesarias con el aumento mundial de la población. Me refiero a la cría de pescado en cautividad o piscifactorías. En este tema, Barbate, como referente español de la pesca, no puede estar de espaldas y se debe potenciar esta industria en Barbate. Me refiero a la acuicultura de forma destacable.

15. Industria manufacturera de conservas de pescado. Lo lógico es que Barbate ocupe un lugar muy destacado en este sector. Hay que tratar de potenciarlo, colaborando con la industria establecida y buscando que se instalen otras nuevas, recabando información sobre grandes marcas para tratar de que construyan aquí instalaciones. Esto es bueno también para la industria que hay, pues necesita expandirse y que el sello «Barbate» se potencie como origen de calidad. Por otro lado, esta industria está avanzando mucho con nuevos productos y nuevas presentaciones. Me refiero a la quinta gama y a la sexta gama.

16. Fabricación de envases para la industria pesquera. La industria de la conserva de pescado ha de ser un factor importante en el desarrollo económico de Barbate y esta industria trae aparejadas, en alguna medida, fábricas de envases para sus productos. Por ello, sería interesante tratar de fomentar esta opción.

17. Ver si es posible poner las salinas de nuevo en funcionamiento. Aquella zona está fatal, muy abandonada y se requiere su limpieza, así como ver si las antiguas salinas se pudieran poner en marcha, bien para obtener sal artesanal o bien como esteros para pescado o algún uso de este tipo como atractivo de la ciudad. Uso en buena parte turístico.

18. Plan especial de Barbate para Diputación. Preparar un plan concreto, detallado y presupuestado de aquello en lo que necesitamos que la Diputación Provincial nos ayude, junto con la Junta de Andalucía. Sería un documento en el que de alguna forma se haga reseñar que Barbate es una zona deprimida, necesitada de especial apoyo, y que sea declarada como tal.

19. Desarrollo en I+D+I de la industria de la conserva marina. La investigación que pueda hacerse en Cádiz habría que conseguir que se polarice en un centro de investigación (I+D+I) en Barbate, con el efecto multiplicador que ello lleva en el adelanto tecnológico de la población. Asimismo, habría que tratar de establecer en el municipio una escuela de estudios del mar.

20. Planes de aparcamiento. Estudiar qué requerimientos de aparcamiento necesitaremos en Barbate dentro de siete años para localizar dónde se instalarían y promocionar lanzaderas de autobús a las playas, de tal manera que en la población no haya saturación de vehículos y circulen los mínimos posibles.

21. Plan de la ribera del río Barbate dentro de la población. Se ha dado un paso muy importante con el paseo junto al río, pero hay que estudiar un plan más ambicioso, quizá de ambos lados del río, y ver qué naves hay que comprar para derribarlas, hacer un plan de parques, etc., para que la ribera sea un lugar de expansión y de opciones turísticas a ambos lados del río, lo que requiere un puente peatonal. Esto sería sensacional.

22. Plan gastronómico. Mediante la potenciación del atún, así como de la carne de retinto y las ortiguillas. Hacer un libro, *La comida en Barbate*, de lo diferencial y característico; y desarrollar un plan: «Comer en Barbate».

23. Desarrollo de restaurantes. Restaurantes como El Campero dan categoría a Barbate, aparte de crear puestos de trabajo. La potenciación del «restaurante al modo barbateño» es importante como punto gastronómico de calidad.

24. Cine de verano. Potenciar que haya uno o dos cines de verano donde el público pueda disfrutar de la proyección de películas al aire libre.

25. Edificaciones protegidas. Tratar de recuperar algunas naves del Consorcio Nacional Almadrabero, tratar de poner el Castillo de Santiago en la desembocadura del río o intentar que la parte que queda de San Ambrosio no termine arruinándose y se cuide debidamente. En fin, que tengamos un patrimonio con nuestra historia y ocupado o por organismos públicos o por museos.

26. Editar un libro-guía turística de Barbate. Sería una publicación como la que tienen muchas poblaciones, que la compre el turista y sepa dónde puede ir, qué lugares no puede perderse y los valores propios de Barbate.

27. Vídeo de 360 grados de la pesca del atún. Con proyección en el Centro de Interpretación del Atún.

28. Vídeo de 360 grados de la procesión de la Virgen del Carmen en Barbate. Habilitar una sala circular donde pueda ser visionado por el público, unas quince o veinte personas de pie en el centro de esta.

29. Página web de Barbate. Con todos los eventos que estén programados e información amplia y completa de todo lo que debe saber el visitante.

30. Zahara de los Atunes. Por lo que sospecho, es posible que pueda ocurrir que con el tiempo sea municipio independiente. Y mi pregunta es: ¿no sería mejor en España no segregar más, incluso agregar a poblaciones importantes a aquellos municipios de número de habitantes muy reducido; por ejemplo, 2.000 o menos? Hoy día, con las nuevas tecnologías, conviene tener sistemas de gestión de municipios que no sean pequeños al objeto de disminuir gastos de estructura.

31. Rodaje de películas. Tratar de que se hicieran algunas películas en la zona, incluso dando ideas de posibles temáticas, tales como la batalla de Trafalgar, la vida del duque de Medina Sidonia (podría ser una serie) o la vida del conde de Barbate. También se podría apostar por novelas que tengan la almadraba como marco. Podrían ser exitosas y, además, tendrían un efecto como palanca para desarrollo. Es cosa de dar ideas a las productoras de cine.

32. La frase de Barbate. Quizá podría ser «templo del atún» o mejor, al ser más genérico, «ciudad marinera». Otras ideas para este eslogan pueden ser «cuna del atún», «crisol de culturas» o «encrucijada de culturas».

33. Las «galletas de Residencial Almadraba». Junto al paseo marítimo. Habría que ver cómo se quitan las dos moles feísimas que hay entre los tres edificios y que no sirven para nada (aparte de afear). Lo más práctico sería llegar a un acuerdo de compra. Supongo que no será caro por lo expuesto.

34. Pasarela sobre el río. En definitiva, esto podría ser el inicio de un nuevo mundo para la ciudad y el turismo.

35. Puerto deportivo internacional. La potenciación del puerto deportivo ampliando el mismo es, desde luego, un tema importante. Entiendo que espacio para ampliación hay y no debemos dejar pasar la posibilidad de convertirlo en puerto turístico pesquero.

36. Planes de ampliación del polígono industrial El Olivar. Si queremos tener industria, ese es su sitio. Hay que tener previstas posibles ampliaciones futuras.

37. Incidir en que debe haber una autovía entre Vejer y Algeciras. Es fundamental una autovía y que no estemos tan separados de la Costa del Sol. Es decir, que las comunicaciones sean más rápidas.

38. Carretera de conexión de Barbate con la autovía Ruta del Toro. Es fundamental para acercarnos a Sevilla.

39. Archivo histórico. Ver de compilar el archivo del puerto y el archivo parroquial en el mismo. Unificar los archivos en un gran archivo municipal.

40. Biblioteca temática de la Costa de Cádiz. Ir haciendo una biblioteca que compile las publicaciones que se pueda en este aspecto. Es necesario recoger en ella todo lo escrito sobre Barbate e imprimir y guardar todo lo que se encuentre por internet en referencia al municipio, de la costa de Cádiz en general y del mar. Sería la biblioteca del mar. Yo compro lo que me encuentro de Barbate, que no es mucho, más bien poco.

41. Nueva estación de autobuses. ¿Dónde se podría ubicar? Sé que se habla de ello, pero yo al menos no sé el sitio del proyecto. Creo que es bueno que la población conozca los proyectos.

42. Libro sobre la gastronomía del atún. Editar una publicación con cada uno de sus platos y abordar su difusión nacional en las grandes distribuidoras libreras.

43. Utilización del aeropuerto de Jerez. Folletos de «vacaciones en Barbate», vía aeropuerto de Jerez de la Frontera.

44. Relación de edificios que hay que proteger y no demoler. Por considerarse típicos o entender que deben permanecer a través de los tiempos.

45. Mantenimiento de las instalaciones del Consorcio Nacional Almadrabero. No demolerlas, ponerlas en valor y conservarlas como atractivo turístico. La iglesia de Zahara de los Atunes, por ejemplo, fue en otros tiempos el almacén de sal, al que se le llamaba el «almacén de la bóveda».

46. Los gorrillas del aparcamiento. Se les da el euro y, apenas ven que no llegan coches, desaparecen. Dan mala impresión. Realmente, es un pago que se hace ante el temor, para que no hagan daño. Debería haber guardas de aparcamiento de alguna asociación.

47. Guías turísticos jubilados. Tener unos cursos de guías turísticos y una asociación para ello, bien sea de jóvenes, de jubilados o de ambos.

48. Salsa *garum*. Comprobar si la misma, parecida o actualizada, se puede poner de nuevo en el mercado. En muchos temas hay interés de nuevo en lo de antes.

49. No hay aparcamiento vigilado. En todo Barbate no hay donde dejar el coche varios días seguidos o días sueltos y, lamentablemente, surge el vandalismo sobre los mismos. Yo lo he sufrido varias veces. Lo que ocurre es que no se denuncia. Debería haber algún aparcamiento público donde al menos poder dejar el coche con tranquilidad los que no tenemos cochera.

50. El conde de Barbate. El señor Serafín Romeu Fages, de origen valenciano, desarrolló muchos asuntos sociales y, en lo que se refiere a Barbate, muy destacables:

-Consiguió el agua potable en Barbate y fuentes como la de los Seis Grifos.

-Construyó la mayor fábrica de atún del mundo. En su época, Barbate era el mayor productor del mundo.

-Construyó dos colegios.

-Construyó el pósito de pescadores y el edificio de la aduana.

-Aportó mucho a la construcción de la iglesia de San Paulino.

-Donó los terrenos del actual cementerio.

Por todo ello, entiendo que se debería estudiar más su figura y preguntarse si se está siendo justo con su memoria y si sería merecedor de un reconocimiento o algún tipo de homenaje.

51. Rotular las calles. Hay muchas calles sin nombre que habría que rotular y, si fuese posible, sería bonito que todos los rótulos fuesen iguales.

37. Epílogo

Barbate es buena parte de mi vida, es mi pulmón, es donde pierdo la mirada en el mar, es donde me inspiro mucho para escribir diversos libros, es donde reflexiono, es la segunda casa de Trini y mía, ambos la disfrutamos mucho. Cada vez más nos gustan los inviernos en Barbate.

En la placa funeraria del romano Actio, esculpida en piedra, se lee en latín: «Actio, gladiador. Venció seis veces, la séptima no. Aquí está enterrado. Que la tierra le sea ligera».

Yo, en la lucha de la vida, he venido ganando muchos combates y subsistiendo; pero, por mi edad, evidentemente, me quedan muy pocos combates. Ya juzgarán los mismos, probablemente, mi familia y algunos amigos en su momento.

Barbate es un lugar apartado de las rutas de tráfico. Barbate es un lugar tranquilo. Yo no aprecio la belleza en las caras sin arrugas, ni en los culos tersos, ni en la juventud. La belleza es algo innato que tiene un buen porcentaje de mujeres, que transmiten inteligencia, alegría, sentimientos, comunicación. La belleza está en la paz y en el alma que transmiten los barbateños, en su manera de ser y, por supuesto, en sus paisajes maravillosos.

Este libro tenía ganas de escribirlo como una pequeña aportación a Barbate, ciudad a la que le debo mucho. En cierta medida, es para compensar y digo lo que pienso, pues siempre opinar de buen talante es bueno.

Le he dado un rápido repaso a lo escrito hoy, 17 de julio de 2019, a las seis de la mañana, precisamente una hora antes de venir yo al mundo hace 75 años. El día 16 por la mañana estuve viendo la procesión de la Virgen del Carmen y ya por la tarde fui a verla de nuevo al puerto y después me di una vuelta por la feria. Y sí quería indicar que he visto Barbate más limpio que nunca, las calles perfectas y el paseo marítimo más ambientado que nunca. Mi modesta felicitación al señor alcalde y su equipo de gobierno (a los que no conozco personalmente).

Es una gran e inmensa alegría para los que queremos a Barbate ver que mejora continuamente.

Muchas gracias, Barbate.